D1722443

Christian Lebrenz

DAS DILEMMA MIT DEN DILEMMAS

Christian Lebrenz

DAS DILEMMA MIT DEN DILEMMAS

Warum Zwickmühlen das Leben in
Organisationen bestimmen und
wie wir besser mit ihnen umgehen können

Bibliografische Information der Deutschen Nationalbibliothek
Die Deutsche Nationalbibliothek verzeichnet diese Publikation
in der Deutschen Nationalbibliografie; detaillierte bibliografische
Daten sind im Internet über *http://dnb.dnb.de* abrufbar.

metro**politan** – ein Imprint des Walhalla Fachverlags

1. Auflage 2018

Produktion: Walhalla Fachverlag, 93042 Regensburg
Umschlaggestaltung: init Kommunikationsdesign, Bad Oeynhausen
Printed in Germany
ISBN 978-3-96186-026-5

INHALT

VON DILEMMAS UMZINGELT? WILLKOMMEN IM CLUB!

Als ich Führungskraft in einem Logistikkonzern wurde, war meine Freude anfänglich natürlich groß, nicht nur, weil ich jetzt mehr Geld verdienen würde – das selbstverständlich auch. Vielmehr freute ich mich darüber, wichtig zu sein, endlich mehr selbst entscheiden zu können. Doch diese Freude währte nicht lange, im Gegenteil, sie wurde sehr schnell getrübt. Ich war jetzt nicht nur wichtig, sondern auch gefragt: Jeder wollte etwas von mir – doch jeder wollte etwas anderes: Die Abteilung brauchte eine Sonderlösung, die Revision pochte aber auf das strikte Einhalten der Standardprozesse, der eigene Chef entschied, die Deadline für das Projekt vorzuziehen und die beiden zentralen Mitarbeiter, die schon einmal ihren Urlaub absagen mussten, hatten diesmal ihren Sommerurlaub fix gebucht. Jetzt wurde mir klar, dass ich nicht nur mehr entscheiden *durfte*, sondern auch entscheiden *musste*! Leider stand ich vor der Entscheidung, entweder den eigenen Chef zu verärgern oder die Mitarbeiter zu frustrieren. Egal, wie ich mich entscheiden würde, eine befriedigende Lösung war nicht in Sicht. Einer würde am Ende auf jeden Fall verlieren: ich. Was machte ich bloß falsch?

Wie sich letztendlich herausstellte: Nichts! Sicher, mein Selbst- und Zeitmanagement war alles andere als perfekt und oft schätzte ich eine Situation falsch ein. Aber dieses Gefühl, sich ständig in einer Zwickmühle zu befinden, hat weniger etwas mit der eigenen Person zu tun. Bloß war mir das damals noch nicht klar. Ich hielt es für den ganz normalen Wahnsinn, den wir tagtäglich in der Firma erlebten. Erst später, als ich aus der Wirtschaft zurück an die Hochschule gewechselt hatte, und ich mich systematischer mit Personal- und Unternehmensführung beschäftigte, wurde mir nach und nach bewusst, dass es sich nicht um ein persönliches Problem handelte, sondern um ein grundsätzliches.

Entscheidungen zwischen zwei Optionen, die beide unattraktiv sind, die unausweichlich zu einer Verschlechterung der Situation zu führen scheinen, nennen wir Zwickmühlen oder auch Dilemmas. So lange wir uns als Menschen in Organisationen zusammenfinden, sind wir diesen Dilemmas ausgesetzt. Dabei ist es egal, ob wir in einer Firma, einer Behörde oder einem Verein tätig sind. Denn so unangenehm Dilemmas auch sein mögen, sie sind ein unvermeidbarer Bestandteil einer jeden Organisation. Eine Organisation ohne Dilemmas wäre zwar schön, aber auch vollkommen unrealistisch.

Wenn Dilemmas weit verbreitet und unvermeidbar sind, sollte man erwarten, dass viel über sie gesprochen wird. Sie sind schließlich ein ständiger Begleiter jeder Führungskraft. Doch seltsamerweise werden Dilemmas selten thematisiert. Vielmehr wurde ein Dilemma als ein Zeichen dafür gewertet, dass man seinen Laden nicht im Griff hatte oder seinen Job nicht richtig machte. Entsprechend schien es angebrachter zu sein, das Dilemma dezent unter den Teppich zu kehren und sich im stillen Kämmerlein allein damit herumzuschlagen.

Doch wirklich befriedigend ist das nicht. Wenn wir ein grundlegendes Problem in der Organisation haben, sollten wir uns aktiv damit auseinandersetzen. Diese Erkenntnis motivierte mich, dieses Buch zu schreiben. Ich möchte Ihnen zeigen, dass Sie kein schlechtes Gewissen zu haben brauchen, wenn Sie sich ständig von Dilemmas umgeben sehen. Willkommen im Club! Egal, ob Sie Gruppenleiter oder Vorstand sind – Dilemmas sind kein Zeichen dafür, dass Sie eine *schlechte* Führungskraft, sondern ein untrügliches Zeichen dafür, *dass* Sie Führungskraft sind. Entspannen Sie sich und lernen Sie, Dilemmas als das zu sehen, was sie wirklich sind: ein Zeichen dafür, dass Sie eine verantwortliche Position in einer Organisation besetzen. Es mag jetzt seltsam klingen, aber Dilemmas sind nicht nur ein großer Teil des Jobs einer Führungskraft, sondern in weiten Teilen überhaupt die Daseinsberechtigung für Ihre Funktion! Ich hoffe, nach der Lektüre des Buchs wird das nicht mehr so befremdlich klingen.

Mein Ziel ist es, Sie nicht nur zu einem entspannteren Umgang mit Dilemmas zu bewegen, sondern auch zu einem möglichst intelligenten Umgang. Dilemmas sind schwierige Probleme, bei denen es manchmal keine dauerhaft befriedigende Lösung gibt. Glücklicherweise gibt es aber mehr als genug Situationen, in denen sich Dilemmas managen lassen. Uns steht ein ganzes Arsenal an Ansätzen zur Verfügung, um Dilemmas in den Griff zu bekommen. Interessanterweise ist das bewusste Nichtstun – das Aussitzen eines Dilemmas – eine der wichtigsten und am meisten unterschätzten Möglichkeiten. Klingt auch das seltsam? Mein Ziel ist es, Sie von diesem Statement zu überzeugen. Außerdem hoffe ich, dass Sie Ihr Repertoire an Management-Tools erweitern und souveräner mit Dilemmas umgehen können, unabhängig davon, in welcher Führungsposition Sie tätig sind, Management ist schon anspruchsvoll genug. Machen Sie sich die Arbeit nicht schwieriger als sie ohnehin schon ist. Das haben Ihre Mitarbeiter und Ihre Firma verdient – besonders aber Sie!

Christian Lebrenz

DAS DILEMMA MIT DEN DILEMMAS

Kennen Sie die Tage, an denen man das Gefühl hat, eigentlich nur verlieren zu können? Die Tage, an denen wir uns die ganze Zeit mit Problemen herumschlagen müssen, für die es keine befriedigende Lösung gibt? Denn egal, wie wir uns entscheiden: Jede Lösung eines Problems scheint ein halbes Dutzend neuer Probleme hervorzubringen. Ständig müssen wir zwischen Pest und Cholera wählen. Von allen Seiten wird man angemosert, ob von den Mitarbeitern, der Chefin, den Analysten oder dem Aufsichtsrat. Irgendjemand scheint einem bei jeder Gelegenheit die gelbe Karte zu zeigen. Liegt das daran, dass wir schlechte Manager sind, dass wir nicht in der Lage sind, unser Unternehmen, unsere Abteilung oder unser Team richtig zu führen? Nein, daran liegt es nicht. Warum scheinen wir eigentlich nur verlieren und immer die falsche Entscheidung treffen zu können? Und Sie stehen mit diesem Problem auch nicht allein, wie Ihnen die nächsten Beispiele zeigen werden:

BEISPIEL:

Der Entwicklungsleiter eines Maschinenbauunternehmens aus der schwäbischen Provinz stand vor einem Dilemma: Von seinem Chef, dem Eigentümer des Unternehmens, bekam er die Vorgabe, das Entwicklungstempo zu erhöhen. Die Preise waren in den letzten drei Jahren massiv unter Druck geraten, weswegen der Chef versuchte, durch eine Innovationsoffensive die bisherigen Preise halten zu können. Das Entwicklungsteam bestand aus zwölf Ingenieuren, die sowieso schon auf Anschlag arbeiteten, um das bisher Geforderte bewältigen zu können. Ein noch höheres Pensum war ohne neue Leute definitiv nicht zu schaffen. Doch der Markt für Entwickler war leergefegt, und in die Provinz wollte keiner so richtig ziehen. Statt der gesuchten zwei Mitarbeiter kam letztendlich nur ein einziger Bewerber infrage, dessen Qualifikationen und Erfahrungen passten und der auch bereit war, aufs Land zu ziehen. Der Haken war nur, dass er 20 Prozent mehr forderte, als der Entwicklungsleiter seinen jetzigen Mitarbeitern zahlte. Da war dem Bewerber – der um seine gute Marktposition wusste – ganz klar: Das sei inzwischen marktüblich und außerdem Schmerzensgeld, aufs platte Land zu ziehen. Da der Chef zudem verboten hatte, Entwicklungsleistungen an externe Dienstleister zu vergeben, brauchte der Entwicklungsleiter den neuen Mann. Ohne den neuen Ingenieur packte er sein Entwicklungspensum nicht, erreichte er seine vorgegebenen Ziele nicht. Ging er aber auf die Gehaltsforderung des Bewerbers ein, würde er sich eine tickende Zeitbombe ins Unternehmen holen: Denn auf der anderen Seite waren da die anderen Mitarbeiter, die – sobald sie erfahren würden, was der Neue bekam, sofort auf der Matte stehen würden. Eine solche Lohnerhöhung für alle würde das Budget aber definitiv sprengen und eine Budgeterhöhung war laut Chef bei der angespannten Gewinnsituation auch nicht drin. Deshalb: Egal, was er tat – der Entwicklungsleiter konnte nur verlieren.

Oder auch die Ikone McDonald's. Der Erfolg der Firma lag darin, dass man wusste, was man bekam. Egal, in welcher McDonald's-Filiale (ursprünglich nur in den USA) man sein Menü bestellte, man konnte sich sicher sein, dass man immer die gleichen Hamburger, die gleichen Pommes, die gleiche Cola bekam. Eben diese Standardisierung förderte den Wiedererkennungswert, was die Fastfood-Kette so erfolgreich gemacht hat. Das hatte in den USA und in Europa wunderbar funktioniert. Doch als florierendes Unternehmen strebte McDonald‘s nach Höherem. Neue Länder und Kontinente kamen hinzu. Jedoch funktionierte der eingeübte Standard „Jede Filiale offeriert gleich“ nicht mehr. In muslimischen Ländern sind die McRib® nicht unbedingt der Renner. Hamburger aus Rindfleisch in Indien nicht. Bei der Internationalisierung stand McDonald's immer wieder vor der Frage, inwieweit sie ihr Erfolgsrezept der Standardisierung aufgeben sollten, um in Märkte mit anderen Essgewohnheiten zu expandieren. Sollte McDonald's bei seinem Konzept bleiben und auf Märkte wie Indien oder den arabischen Raum verzichten? Oder würde der Konzern sein Konzept und seine Standardisierung durch die neue Variantenvielfalt verwässern?

Nicht nur bei Hamburgern und Fritten haben wir solche Probleme. Mercedes ist einer der größten Nutzfahrzeughersteller der Welt. Die Produktpalette bildet das gesamte Spektrum vom schweren Laster bis zum kleinen Lieferwagen ab. Zumindest fast. Denn am ganz unteren Ende des Produktportfolios fehlte unterhalb des Vito ein noch kleinerer Wagen für Monteure und Handwerker. Allerdings hatte Mercedes weder solch ein Modell im Angebot, noch waren die zu erwartenden Stückzahlen groß genug, so dass sich eine Eigenentwicklung lohnen würde. Glücklicherweise hatte Mercedes‘ Kooperationspartner Renault ein passendes Modell in der Produktpalette: den Renault Kangoo. Mercedes stand nun vor der Entscheidung, entweder das Produktsegment für kleine Lieferwagen der Konkurrenz zu überlassen oder den Mercedes-Stern auf einen – wenn auch modifizierten – Renault zu kleben. Einen Renault, der dann auch noch eine ganze Reihe von Bauteilen und – in Ansätzen – auch die Optik mit dem Dacia Dokker gemeinsam hat. Auch hatte der Kangoo bei Crash-Tests mit nur drei Sternen nicht gerade überzeugend abgeschnitten.[1] Was würde das für das Image der deutschen Luxusmarke Mercedes bedeuten, wenn das Unternehmen zu sehr in die Nähe des europäischen Billig-Autoherstellers rückte? Mercedes stand vor der Wahl, auf Umsätze und Marktanteile zu verzichten oder Gefahr zu laufen, seine Marke – gerade auch in punkto Sicherheit – zu verwässern. Egal, welche Wahl man traf, man konnte eigentlich nur verlieren.

Willkommen in der Welt der Dilemmas. Allen Beispielen ist gemeinsam, dass die jeweiligen Entscheidungsträger wählen mussten. Auch wir selbst stehen immer vor einer Wahl, oftmals zwischen zwei gegensätzlichen, unangenehmen Alternativen. Alternativen, die beide keine wirklich befriedigende Lösung darstellen. Gelegentlich ist vielleicht ein Kompromiss möglich, in vielen Fällen aber nicht. Im Laufe des Buches werden wir auf die eben genannten Beispiele zurückkommen und schauen, wie die Manager und Firmen sich letztendlich entschieden und welche Antwort sie auf das jeweilige Dilemma gefunden haben.

Der Duden beschreibt ein Dilemma als eine „Zwangslage, eine Wahl zwischen (unangenehmen) Dingen."[2] Und in diese Zwangslagen geraten wir immer wieder: Senkt man die Preise, um die Kunden bei der Stange zu halten, nörgeln die Analysten an der Börse, denn sie sehen die Marge und damit die Rendite in Gefahr. Folgt man der Forderung der Börse und hält die Preise hoch, meckern die Kunden oder schlimmer noch, sie wandern ab. Zentralisiert man unter vielen Schmerzen die Firma, um Synergien zu realisieren und um Doppelarbeit zu vermeiden, ertönen die Klagen aus den einzelnen Tochtergesellschaften. Die Entscheidungen sind jetzt so langsam, die Bedürfnisse der lokalen Kunden, des eigenen – natürlich sehr speziellen – Kundensegments sind nicht mehr ausreichend berücksichtigt. Dann geht der Trend zur Dezentralisierung zurück – momentan unter dem Schlagwort der agilen Organisation. Wir können gespannt sein, unter welchem Label die Standardisierung und Zentralisierung das nächste Mal wieder in den Unternehmen propagiert werden.

Das Gras erscheint auf der anderen Seite des Zauns immer grüner als auf der eigenen. Ewig schwingt das Pendel hin und her.

Dilemmas sind natürlich nicht der einzige Grund, warum das Management so schwierig ist. Es gibt noch andere Faktoren, die das Führen eines Unternehmens oder eines Teams so anstrengend machen. Egal, ob es die Amerikaner in den 1960er-Jahren, die Japaner in den 1980er-Jahren waren oder heute die Chinesen: Aus irgendeinem Land scheint immer eine neue Gruppe von Wettbewerbern auf der Bildfläche zu erscheinen, die einem das Leben schwermachen. Und wenn es nicht irgendwelche aufstrebenden Wirtschaftsnationen sind, sind es politische Krisen, erratische Immobilienunternehmer im Weißen Haus oder technische Umbrüche, die zu massiven Verwerfungen führen und den Wettbewerb intensiver machen. Auch die Konkurrenz um gute Mitarbeiter wird härter. Dementsprechend selbstbewusst und fordernd können die Mitarbeiter auftreten. Und schon ist auch die Mitarbeiterführung nicht mehr das, was sie einmal war.

Managen bedeutet auch, zu entscheiden. Und jede Entscheidung ist mit Unsicherheit behaftet: Wie wird sich der Markt entwickeln? Welche neuen Technologien kommen zum Tragen? Wie sieht es im nächsten Jahr mit der Konjunktur aus? Noch schwieriger ist es vorherzusagen, wie die Kunden reagieren werden! Wie werden die Wettbewerber sich verhalten? Alles Dinge, die das Management anspruchsvoll werden lassen. Die tatsächliche – oder gefühlte – Beschleunigung der Dinge tut ihr übriges.

Auch wenn es nicht einzig die Dilemmas sind, die das Management so schwierig machen, so sind sie doch ein sehr wichtiger Faktor. Denn wir müssen entscheiden, und egal, wie wir es drehen und wenden: Keine der Lösungen ist wirklich befriedigend. Jede Lösung scheint entweder nur kurzfristig zu wirken oder hat so starke Nebenwirkungen, dass diese selbst wieder zum Problem werden. Als würde uns ein Stier vor sich hertreiben und wir ständig Gefahr laufen, plötzlich von dem einen oder dem anderen Horn aufgespießt zu werden. Warum ist das eigentlich so? Wer oder was ist daran schuld? Wichtiger noch: Können wir etwas dagegen machen? Und wenn ja, was?

Eine Antwort, geradezu ein Reflex ist, es einfach mit dem nächsten Management-Instrument zu versuchen. Wenn uns das schlechte Gewissen plagt und wir uns mit kognitiven Dissonanzen herumschlagen müssen, neigen wir schnell dazu, die Flucht nach vorne anzutreten. Die Gehirnforschung belegt, dass das menschliche Gehirn darauf programmiert ist, sich immer wieder etwas Neues zu suchen, gerade dann, wenn der letzte Ansatz doch nicht so erfolgreich war. Das gilt nicht nur für das Management – aber auch dort. Gestern war alles noch lean, heute ist alles agil. Mit großer Regelmäßigkeit durchlaufen neue Instrumente den Hype-Cycle. Am Anfang wird das neue Instrument vorgestellt und die eine oder andere Firma als Musterbeispiel präsentiert, in der die neue Methode wahre Wunder bewirkt hat. Jedenfalls behaupten das diejenigen, die jetzt mit dem Instrument hausieren gehen. Die Erwartungen sind sehr hoch, übertrieben hoch. Und weil das Instrument dann doch nicht alle Probleme löst, kommt dann das Tal der Ernüchterung. Die Enttäuschung ist umso größer, je höher die Erwartungen geschraubt wurden. Irgendwann setzt sich schließlich die Erkenntnis durch, dass das Instrument zwar kein Allheilmittel ist, dafür aber in bestimmten Situationen für bestimmte Zwecke durchaus zu gebrauchen ist. Also keine Wunderdroge, aber für den einen oder anderen Bereich ein nützliches Werkzeug.

Vor einigen Jahren führten die Unternehmen wie wild Balanced Scorecards ein, plädierten für Lean Management, dann für Six Sigma. Momentan spricht alle Welt von Agilität und Design Thinking. Der unschöne Umstand, dass die bisher angepriesenen Instrumente meist doch nicht so erfolgreich waren wie angekündigt, scheint die Anbieter dieser Ideen nicht wirklich zu stören. Ganz im Gegenteil: Die Ankündigungen und Versprechungen werden immer blumiger, insbesondere die Amerikaner sind uns in Bezug auf Marketing um einiges voraus. Schon vor Jahren zeigte uns die US-amerikanische Managementliteratur, wie man zum „great leader" werden konnte. Heute lässt die jeweils neue Technik einen zum „world class leader" mutieren. Früher verschaffte ein Management-Instrument dem Unternehmen lediglich einen Wettbewerbsvorteil. Heute verwandelt das jeweils neue Zaubermittel die Firma zu einem „game changing business". Die garantierte Rettung der Welt ist also nur noch eine Frage der Zeit ...

Wenn also diese wundersamen Versprechungen nicht wirklich helfen, was dann? Wie können wir besser mit Dilemmas umgehen? Denn es ist sonderbar: Obwohl Dilemmas so oft in den Unternehmen zu finden sind und viele Probleme im Management sich auf Dilemmas zurückführen lassen, sind Dilemmas in Diskussionen nur selten ein Thema. Warum eigentlich? Woher kommt dieser blinde Fleck?

Ich möchte Licht in dieses wenig beachtete Dunkel bringen und im Rahmen dieses Buchs das Phänomen der Dilemmas zusammen mit Ihnen erkunden. Dabei werden wir auf drei entscheidende Punkte für den Umgang mit Dilemmas eingehen.

1. Dilemmas sind normal

Dilemmas sind keine Fehler im System, sondern ein ganz normaler und zentraler Bestandteil einer jeden Firma, einer jeden Organisation, eines jeden Systems. Ein Unternehmen, eine Organisation ohne Dilemmas gibt es nicht. Mit welchen Dilemmas schlagen Sie sich gerade herum? Dilemmas gehören einfach dazu. Dass es sie gibt, können wir nicht ändern. Was wir ändern können, ist unsere Einstellung den Dilemmas gegenüber, die Art und Weise, wie wir mit ihnen umgehen. Weil Dilemmas normal sind, sollten wir einen entspannteren Umgang mit ihnen entwickeln. Sie sind wie Konkurrenten: unangenehm, ärgerlich, gehören aber einfach dazu. Es bringt wenig, sich über sie aufzuregen, genauso wenig macht es aber auch Sinn, sie zu ignorieren. Es ist sinnvoller, bewusst und aktiv mit den Dilemmas umzugehen, statt sich von ihnen treiben zu lassen.

Dilemmas sind nicht nur normal, sondern auch überall. Wir treffen sie sowohl im Umgang mit einzelnen Mitarbeitern, auf Teamebene oder auch auf der Ebene der gesamten Organisation. Bei den Mitarbeitern mag es darum gehen, wie viel Wert wir auf Zusammenarbeit legen oder inwieweit wir das Konkurrenzdenken zwischen den Mitarbeitern oder den Teams fördern. Auf der Unternehmensebene mag es die Frage sein, wie weit wir bestimmte Entscheidungen in der Firma zentralisieren, ob wir lieber in die Entwicklung investieren oder die Dividende erhöhen. Und wenn Dilemmas überall sind, überrascht es auch nicht, dass ein Dilemma selten allein kommt. In vielen Fällen sind wir mit mehreren Dilemmas gleichzeitig konfrontiert.

Mehr noch: Wenn Dilemmas normal sind, brauchen wir auch nicht ständig Schuldgefühle haben, etwa dass wir einer Situation oder den Mitarbeitern nicht gerecht werden können. Dann liegt es nicht an uns oder unseren (mangelnden) Management-Fähigkeiten, sondern an den Rahmenbedingungen, die nun mal in einer Firma existieren. Dilemmas sind nicht die gelbe Karte für schlechtes Management, sondern die Eintrittskarte dafür, dass wir in den Organisationen überhaupt mitspielen können. Wenn wir uns das vor Augen halten, können wir viel von der nervösen Unruhe aus der Organisation herausnehmen und uns einen großen Teil des wilden Aktionismus ersparen, den wir so oft beobachten.

2. Raus aus der Schmuddelecke!

Nochmal: Dafür, dass Dilemmas eine solch zentrale Rolle im Leben von Managern und Organisationen spielen, überrascht die Missachtung, mit denen wir sie im Management-Alltag strafen. Wir verbannen Dilemmas oft in die Schmuddelecke, ähnlich wie die Frage nach Macht: Beide Aspekte sind eigentlich zentrale Themen, doch wird wenig darüber gesprochen. Wenn es um Entscheidungen geht, redet alle Welt über Algorithmen oder komplexe Entscheidungsinstrumente wie Discounted Cash-Flow, Big Data ist in aller Munde. Gleichzeitig hat in den letzten Jahren das Interesse an den psychologischen Faktoren bei der Entscheidungsfindung ebenfalls stark zugenommen. Spätestens seit Daniel Kahneman[3] und Rolf Dobelli[4] reden wir viel über alle möglichen Bias, jene systematisch verzerrten Wahrnehmungen, über Denkfehler und wie wir diese vermeiden können. Aber über Dilemmas reden wir kaum, dieses Thema bleibt unausgesprochen.

Bezeichnenderweise gibt es deutlich mehr Management-Bücher, die einem irgendwelche Geheimnisse und Erfolgsrezepte verkaufen wollen, als Bücher, die sich mit Dilemmas beschäftigen. Meine letzte Recherche[5] in der Rubrik „Business und Karriere“ auf Amazon brachte mir unter dem Stichwort „Dilemma“ 119 Treffer, das Stichwort „Geheimnis“ dafür 562 Treffer und für „Tricks“ immerhin 483 Treffer. Was sind das alles für Gutmenschen, die den Lesern für 39,95 Euro diese Geheimnisse geradezu schenken? Sind diese Leute wirklich so gutherzig oder die Leser vielleicht eher gutgläubig?

Auch die wirtschaftswissenschaftliche Theorie hält sich zu Dilemmas sehr bedeckt. Es gibt zwar Bereiche der Organisationstheorie, die sich mit dem Thema beschäftigen.[6] Aber das sind eher Nischenthemen abseits des Mainstreams. Ein Blick in Standardlehrbücher zur Entscheidungstheorie dagegen ist ernüchternd.[7] Begriffe wie „Zielkonflikte" oder „Paradox" tauchen – wenn überhaupt – nur am Rande auf und wenn der Begriff Dilemma erscheint, fast ausschließlich im Zusammenhang mit dem Gefangenendilemma aus der Spieltheorie. Als ob das das einzige Dilemma wäre, mit dem wir uns im Unternehmen herumschlagen müssten. Und wie relevant ist das für das Management? Wie oft werden Sie denn verhört, müssen sich überlegen, ob Sie lieber Ihre Schuld gestehen sollen oder darauf bauen können, dass Ihr Komplize dichthält? In vielen Branchen wird zwar mit harten Bandagen gekämpft, aber die Ermittler haben wohl die wenigsten von uns im Haus.

Warum diese Nichtachtung? Wahrscheinlich liegt es daran, dass Dilemmas nicht in unser Weltbild passen. Wir sind es gewohnt, durch sorgfältiges Abwägen der Argumente und intensives Studium der Daten eine Lösung zu finden, die eindeutig und dauerhaft ist. Aber Dilemmas entziehen sich dieser Logik. Die Wahl zwischen den Alternativen ist weder befriedigend, noch dauerhaft. Wir bekommen sie nach dieser rationalen Logik nicht unter Kontrolle. Und Kontrolle ist das, wofür Manager nun einmal da sind. Entsprechend erzeugt das Unkontrollierbare massives Unbehagen und kognitive Dissonanzen, und so ist es eine natürliche Reaktion, sich über diesen unangenehmen Umstand in Schweigen zu hüllen. Wer redet schon gerne offen darüber, dass er die Situation nicht im Griff hat?

Besonders, wenn in vielen Organisationen die reflexartige Reaktion auf Dilemmas ist, die Leute, die im Spannungsfeld des Dilemmas stehen, auszutauschen. Über die historische Tatsache, dass die Überbringer schlechter Nachrichten früher eben dafür geköpft wurden, schütteln alle den (glücklicherweise noch vorhandenen) Kopf ob solch Barbarei. Aber wenn heute ein CEO gefeuert wird, weil ihm der Spagat zwischen Kundenorientierung und Erwartungen des Kapitalmarkts misslingt, ist das okay und „gelebte Praxis". Diskutiert wird allenfalls über die Höhe der Abfindung, als über das zugrundeliegende Dilemma, das dem CEO sinnbildlich den Kopf gekostet hat. Dieses Phänomen wird weiterhin bestehen bleiben und so stehen die Chancen gut, dass auch der nächste Unternehmenslenker innerhalb kürzester Zeit verschlissen wird. Sollten wir uns nicht lieber die Frage stellen, ob die stark gesunkene Verweildauer von CEOs in ihren Positionen daran liegt, dass Dilemmas eine immer stärkere Rolle in den Entscheidungen der Unternehmensführung spielen?[8]

Je stärker eine Organisation für die Standardaufgaben Routinen gefunden hat, nach denen Entscheidungen getroffen werden, desto weniger müssen sich Führungskräfte mit diesen Routinen auseinandersetzen. Entsprechend bleiben mehr Dilemmas als Entscheidungen übrig, die Manager selbst treffen müssen. Auch wenn wir das nicht unbedingt gerne hören: Neben ihrer Rolle als Gallionsfigur und Sündenbock sind Dilemmas einer der Hauptgründe dafür, dass es überhaupt Führungskräfte und Unternehmenslenker gibt. Standardentscheidungen kann auch ein Praktikant günstiger nach Ampellogik in einem Excel-Sheet treffen. Dafür brauchen wir keine hochbezahlten Führungskräfte.

3. Vielfalt statt Wundermittel

Wenn also Dilemmas so zentral für das Management eines Unternehmens sind, sollten wir auch offen mit ihnen umgehen, gerade dann, wenn – gefühlt oder nicht – die Umgebung immer turbulenter wird. In einem Interview bezeichnete die Rallye-Fahrerin Jutta Kleinschmidt das Rallye-Fahren als permanentes Fahren im Grenzbereich. Um dabei erfolgreich zu sein, müsse man seine Fahrtechniken möglichst gut beherrschen. Nur wenn man so gut lenken, bremsen und schalten könnte, um auch bei extremen Bedingungen den Wagen auf Kurs zu halten, hätte man eine Chance, das Rennen zu gewinnen.

Was für den Rallye-Sport gilt, gilt auch für das Management im Unternehmen. Wir bewegen uns eigentlich immer im Grenzbereich, laufen ständig Gefahr, die Kontrolle über die Situation und Organisation zu verlieren. Gleichzeitig sollten wir die Techniken sauber beherrschen, mit denen wir die zentralen Probleme des Managements angehen können, etwa den Umgang mit schwierigen Entscheidungen und Dilemmas. Diese müssen wir perfekt anwenden können, wenn wir auf der Spur bleiben wollen.

Um eines vorweg zu nehmen: Ein Wundermittel für den Umgang mit Dilemmas gibt es nicht. Auch lassen sich eine Reihe an Dilemmas schlichtweg nicht lösen. Was es aber gibt, ist eine Vielzahl von Ansätzen, mit Dilemmas umzugehen. In diesem Buch werden wir einige dieser Instrumente genauer unter die Lupe nehmen. Sie erlauben es uns, in vielen Fällen Wege zu finden, mit diesen scheinbar unlösbaren Problemen doch intelligent umgehen zu können. Ziel ist es, das Repertoire an Werkzeugen, das uns beim Umgang mit Dilemmas zur Verfügung steht, zu erweitern. Wenn ich nur einen Hammer kenne, werde ich versuchen, jedes Problem und jede Aufgabe mit dem Hammer zu lösen. Das mag bei manchen Problemen, zum Beispiel einem

Nagel, funktionieren – bei einer Schraube beißen wir uns mit unserem Standardwerkzeug höchstwahrscheinlich die Zähne aus. Selbst wenn wir es schaffen sollten, haben wir unnötig Kraft verschwendet. Stattdessen hätten wir einen Blick in unseren Werkzeugkasten werfen sollen, um ein besser geeignetes Instrument zu wählen. Je besser die Tool-Box gefüllt ist, desto leichter haben wir es.

Um die Kirche im Dorf zu lassen und unrealistische Hoffnungen gleich im Keim zu ersticken: Der intelligentere Umgang mit Dilemmas ist kein Allheilmittel. Genauso wenig wie es die Wunderdiät gibt, die garantiert – und natürlich ohne Anstrengung – funktioniert, genauso wenig wird ein besserer Umgang mit Dilemmas alle Probleme des Managements lösen. Nur weil Sie sich mit Dilemmas besser auskennen, werden Sie nicht automatisch Ihre Kunden oder Ihre Mitarbeiter besser verstehen. Auch werden sich die Wettbewerber nicht einfach in Luft auflösen oder wird sich die Liquidität des Unternehmens „ganz von alleine“ erhöhen. Leider werden Sie nicht automatisch ein neues Geschäftsmodell finden, mit dem Sie souverän auf neue Technologien und neue Konkurrenten reagieren können. Natürlich hilft ein intelligenterer Umgang mit Dilemmas grundsätzlich weiter, doch er macht Sie nicht automatisch zur perfekten Führungskraft.

Nein, der bessere Umgang mit Dilemmas löst nicht alle Ihre Probleme – aber er entschärft eine ganze Reihe davon. Egal, ob es um die Reibereien zwischen Vertrieb und Produktion geht oder zwischen Tochtergesellschaften und Unternehmenszentrale, zwischen einzelnen Kollegen im Team. Vielen Schwierigkeiten, die eine Führungskraft umtreiben, vielen Entscheidungen, die Sie als Manager treffen müssen, liegen nun einmal ein oder mehrere Dilemmas zugrunde. Wenn Sie die Ursachen dieser Probleme, sprich die sich dahinter verbergenden Dilemmas besser verstehen, haben Sie die Chance, mit diesen Konflikten souveräner umzugehen.

Die Dinge, über die wir hier reden, sind nicht neu. Sie haben aber nichts an Aktualität verloren – ganz im Gegenteil. Schon vor 30 Jahren wurde viel über Dilemmas geschrieben. Leider geriet aber vieles davon in Vergessenheit. Es ist an der Zeit, dieses Wissen wieder aus der Versenkung herauszuholen. Statt ständig an den Symptomen herumzudoktern, macht es mehr Sinn, sich mit den Ursachen auseinanderzusetzen. Wir haben die Chance, uns viele Reibungsverluste zu ersparen. Arbeiten in Organisationen, gerade als Führungskraft, ist schon anspruchsvoll genug. Deshalb sollten Sie es sich wenigstens gönnen, Ihre Tool-Box um einige Werkzeuge zu erweitern, um sich die Arbeit in der Organisation zu erleichtern. Wer lebt schon gerne mit dem Gefühl, immer nur verlieren zu können? Machen Sie sich den Job nicht schwerer, als er sowieso schon ist.

Begeben wir uns deshalb gemeinsam auf die Reise in die Welt der Dilemmas. Wir starten in Teil 1 und gehen der Frage auf den Grund, warum Dilemmas einfach zu

Organisationen dazugehören, es schlichtweg keine Firma ohne Dilemmas geben kann. Dazu definieren wir in Kapitel 1, was genau ein Problem zum Dilemma macht, indem wir uns einige Begriffe näher anschauen und abgrenzen, die oft mit Dilemmas zusammen in einen Topf geworfen werden. Je besser wir verstehen, was genau unser Problem ist, desto besser stehen unsere Chancen, angemessen mit dem Dilemma umzugehen. Kapitel 2 geht der Frage nach, woran man Dilemmas eigentlich erkennt, bevor wir uns in Kapitel 3 mit den Gründen beschäftigen, warum es überhaupt Dilemmas in Organisationen geben muss. Warum gehören Dilemmas unausweichlich zu einer Firma dazu? Kapitel 4 beleuchtet die verschiedenen Ebenen, auf denen wir Dilemmas begegnen.

Der zweite Teil macht eine Tour zu den vier wichtigsten Dilemmas, die wir in Firmen immer wieder antreffen: das Revolutionsdilemma, sprich das Spannungsverhältnis zwischen Veränderung und Bewahrung (Kapitel 5), das Freiheitsdilemma von Fremd- und Selbstbestimmung (Kapitel 6), das Gleichheitsdilemma zwischen Standardisierung und Individualisierung (Kapitel 7) und schließlich das Brüderlichkeitsdilemma von Kooperation und Konkurrenz (Kapitel 8).

In Teil 3 kommen wir zu den vier wichtigsten Ansätzen, die uns einen intelligenten Umgang mit Dilemmas ermöglichen. Wir starten in Kapitel 9 mit dem wichtigsten Instrument, dem bewussten Nichtstun. In Kapitel 10 geht es darum, sich für den einen Pol zu entscheiden bzw. einen Kompromiss zu suchen. Ein weiterer sinnvoller Ansatz statt sich für ein Entweder-oder zu entscheiden, ist, sowohl das eine als auch das andere zu tun. Diese Strategie ist Thema des Kapitel 11. Zu guter Letzt decken wir in Kapitel 12 Schein-Dilemmas auf und versuchen uns aus der Zwangsjacke, sich zwischen A oder B entscheiden zu müssen, zu befreien. Wenn wir verschiedene Werkzeuge zur Auswahl haben, stellt sich natürlich die Frage, welches Tool wir wann anwenden. Die Antwort darauf erwartet uns am Ende unserer Reise durch die Welt der Dilemmas im letzten Kapitel.

Entwickeln Sie einen intelligenten und entspannteren Umgang mit Dilemmas. Das haben die Dilemmas und Sie verdient – vor allem Sie.

1

SO SICHER WIE TOD UND STEUERN: WARUM WIR AN DILEMMAS NICHT VORBEIKOMMEN

KAPITEL 1
WAS GENAU MACHT EIN DILEMMA AUS?

Was macht ein Dilemma eigentlich zum Dilemma? Was ist das Besondere an dieser Art von Problemen? Woran erkennen wir, dass wir es überhaupt mit einem Dilemma zu tun haben? In diesem Kapitel suchen wir Antworten auf diese Fragen.

Dilemmas – der Versuch einer Annäherung

Zunächst versuchen wir, Dilemmas genauer zu beschreiben, um sie besser fassen zu können. Eingangs hatten wir dazu die Duden-Definition herangezogen. Dilemma als eine Zwangslage, die Wahl zwischen zwei – normalerweise – unangenehmen Alternativen, darzustellen, ist eine hilfreiche erste Annäherung. Aber es gibt noch eine Reihe anderer Beschreibungen, die jeweils unterschwellig Hinweise liefern, wie Dilemmas zu lösen sind. Daher lohnt sich ein Blick auf die verschiedenen Definitionen – auch wenn Definitionen an sich nicht besonders spannend erscheinen.

Die beiden St.Gallener Management-Forscher Günter Müller-Stewens und Mathias Fontin[9] betonen, dass es bei einem Dilemma um eine unversöhnliche Opposition zwischen verschiedenen Positionen geht. Beide können nach ihrem Verständnis gar nicht gleichzeitig existieren. Entsprechend läuft es darauf hinaus, dass man sich letztendlich zwischen den Optionen entscheiden muss.

Der US-amerikanische Berater und Autor Barry Johnson[10], der sich seit über 30 Jahren intensiv mit Dilemmas beschäftigt, geht in seiner Definition der Dilemmas einen anderen Weg. Er charakterisiert Polaritäten – meint aber Dilemmas – folgendermaßen: „Es ist ein Paar von Gegensätzen, die nicht wirklich gut unabhängig vom anderen existieren können. Weil die beiden Seiten der Polarität voneinander abhängen, kann man nicht eine als ‚Lösung' wählen und die andere ignorieren." Nicht nur widersprechen sich die Alternativen, zwischen denen wir wählen müssen, sondern sie benötigen sich gegenseitig. Erst diese gegenseitige Abhängigkeit macht Dilemmas so problematisch. Wenn wir ein Unternehmen komplett dezentralisieren könnten, ohne irgendwelche Entscheidungen zentral treffen zu müssen, hätten wir kein Dilemma, sondern eine eindeutige Entscheidung für eine der beiden Alternativen. Jedoch haben wir dann auch keine Firma mehr, wenn jeder Bereich komplett sein eigenes Ding macht. Statt eines „Entweder-Option-A-oder-Option-B", geht es bei Johnson darum, irgendwie sowohl A als auch B zu realisieren.

Die für mich griffigste Definition eines Dilemmas kommt vom früheren Augsburger Professor für Personalmanagement, Oswald Neuberger.[11] Für ihn besteht ein Dilemma, wenn „eine Entscheidung getroffen werden [muss] zwischen mindestens zwei gegebenen, gleichwertigen und gegensätzlichen Alternativen". Schauen wir uns einmal genauer an, was Neuberger damit meint:

1. *Müssen*: Zentral für ein Dilemma ist der Zwang zur Entscheidung. Eine reine Analyse oder Betrachtung des Problems reicht nicht aus. Es herrscht ein Entscheidungs- und Handlungsdruck, wie im Beispiel des neu einzustellenden Entwicklungsingenieurs. Die Stelle ist zu besetzen und der einzig verbliebene Kandidat hat seine Forderungen gestellt. Seine Arbeitsleistung ist umgehend gefordert, denn die Abteilung ist überlastet und das Unternehmen in Zugzwang. Vielleicht kann der Entwicklungsleiter die Entscheidung noch ein paar Tage aufschieben – länger aber nicht. Die Entscheidung ist jetzt gefragt.
2. *Gegeben*: Es geht um tatsächlich vorhandene und nicht um irgendwelche hypothetischen Alternativen. Nicht die Frage, ob McDonald's grundsätzlich internationalisieren sollte, sondern die konkrete Frage, ob McDonald's bei einem Markteintritt in Indien auf die Hamburger aus Rindfleisch verzichten sollte oder nicht. Soll das Unternehmen aus Rücksichtnahme auf religiöse Befindlichkeiten vor Ort ein zentrales Element seines Menüs, ja seiner Unternehmens-DNA aufgeben? Oder lieber einen Bogen um den indischen Subkontinent machen?
3. *Gleichwertig*: Beide Alternativen sind unattraktiv – und zwar gleich unattraktiv. Wir haben die Wahl zwischen Pest und Cholera. Wenn diese Gleichwertigkeit nicht mehr vorhanden ist, hört auch das Dilemma auf zu existieren. Die Balance zwischen Berufs- und Familienleben etwa wird erst dann zum Dilemma, wenn uns beides gleich wichtig ist. Geht der Mann voll in seiner Arbeit und Karriere auf und hat kein Problem damit, 70 Stunden pro Woche zu arbeiten, während die Frau nichts anderes erwartet, als dass er die finanziellen Früchte seiner harten Arbeit nach Hause bringt, haben die beiden kein Dilemma. Problematisch wird es

nur, wenn mindestens einer der Partner sowohl ein ausgeprägtes Familienleben als auch eine erfolgreiche Karriere erwartet.

4. *Gegensätzlich*: Wir haben es mit sich konträr gegenüberstehenden Alternativen zu tun. Zwischen den beiden Positionen kann ein breites Spektrum von Möglichkeiten liegen. Und wir brauchen – zumindest in Ansätzen – beides. Wie bei der Frage nach der Dezentralisierung einer Firma. Eine dezentrale Zentralisierung können wir uns schwer vorstellen, eher ganz unterschiedliche Grade der Zentralisierung: mal wird mehr zentralisiert, mal weniger.

Der Dilemma-Diamant

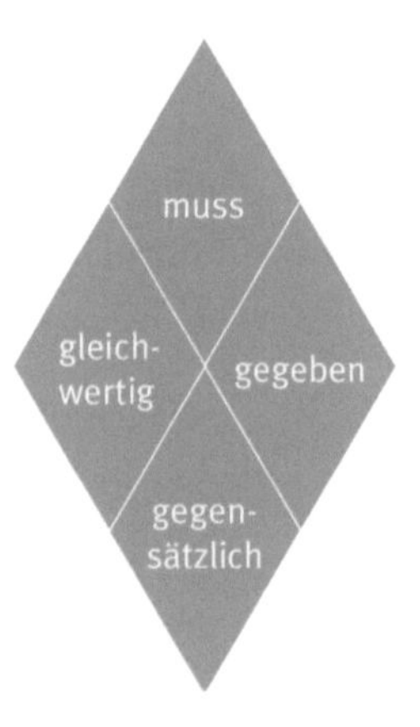

Die vier Bedingungen für ein Dilemma ergeben unseren Dilemma-Diamanten. Wenn alle vier Bedingungen erfüllt sind, wird das Dilemma – genauso wie ein Diamant – sehr schwer zu knacken. Glücklicherweise sind diese vier Bedingungen nur selten alle komplett erfüllt. Konkret heißt das, dass nicht in allen Fällen die Alternativen wirklich vollkommen gleichwertig sind, man wirklich alles sofort entscheiden muss und nicht immer alle Alternativen wirklich vollkommen gegensätzlich sind. Man kann sich dann darüber streiten, ob es sich überhaupt noch um ein „echtes" Dilemma handelt. Wie so oft ist auch hier die reine Schwarz-Weiß-Betrachtung wenig hilfreich. Es gibt viele Grautöne, die wir berücksichtigen müssen – und auch können.

Aber auch wenn nicht alle Probleme, die uns als Dilemma erscheinen, dieser Definition zu 100 Prozent entsprechen, sehen sie für uns erst einmal wie ein Dilemma aus. In diesem Fall sollten wir diese Probleme erst einmal genauso angehen. Besser noch: Der Umstand, dass zumindest eine der vier Bedingungen nicht komplett erfüllt ist, bietet uns die Angriffsfläche, konstruktiv mit dem Dilemma umzugehen.

Natürlich gibt es auch Dilemmas, bei denen wir uns nicht zwischen zwei, sondern drei oder mehr Alternativen entscheiden müssen. Dabei handelt es sich dann um Trilemmas und Polylemmas. Ein typisches Beispiel für ein Trilemma ist das magische Dreieck von Qualität, Kosten und Timing. Viele Organisationen – natürlich nicht Ihre – tun sich oft schwer damit, alle drei Aspekte unter einen Hut zu bringen. Und je nach Firma wird im Fall der Fälle mal die Qualität, mal das Budget oder das Timing geopfert.

Doch dabei gibt es auch *positive* Dilemmas. Schon in der Antike verhungerte der Esel des Buridans angeblich zwischen zwei Heuhaufen. Weil beide Heuhaufen gleich weit weg waren und gleich lecker aussahen, konnte der Esel sich nicht entscheiden, von welchem er fressen sollte. Er verharrte bis zu seinem Tod zwischen den beiden Heuhaufen hin und her überlegend. Positive Dilemmas tauchen hin und wieder auf, wir nehmen sie aber meist gar nicht als solche wahr. Wenn Sie sich für den Abend zum Essen verabreden und sich nicht zwischen Italienisch und Indonesisch entscheiden können, können die meisten Leute dieses Dilemma ganz gut ertragen. Es wird eher als Luxusproblem gesehen.

REFLEXION:

Mit welchen positiven Dilemmas müssen Sie sich „herumschlagen“?

Da sich aber die wenigsten von uns sich zwischen zwei genau gleich spannenden Filmrollen, Einladungen von Brad Pitt und Till Schweiger zum Grillen am selben Samstagabend oder zwei genau gleich lukrativen Jobangeboten entscheiden müssen, werden wir uns hier auf die negativen Dilemmas konzentrieren. Von denen haben wir mehr als genug.

Paradox & Co.: Die Verwandten der Dilemmas

Neben Dilemmas tauchen eine Reihe anderer Begriffen auf, die schwierige Entscheidungen umschreiben, wie etwa „Zielkonflikt“ oder „Zwickmühle“, die auch weitgehend synonym zu „Dilemma“ verwendet werden können.

Paradox

Anders sieht es bei einem „Paradox" aus. Viele Autoren unterscheiden nicht zwischen einem Dilemma und einem Paradox. Gerade in der englischsprachigen Literatur werden diese meist gleichgesetzt. Der Duden beschreibt ein Paradox als „etwas, was einen Widerspruch in sich enthält, ... eine scheinbar falsche Aussage, die aber auf eine höhere Wahrheit hinweist."

Dilemmas und Probleme, die oft mit ihnen verwechselt werden

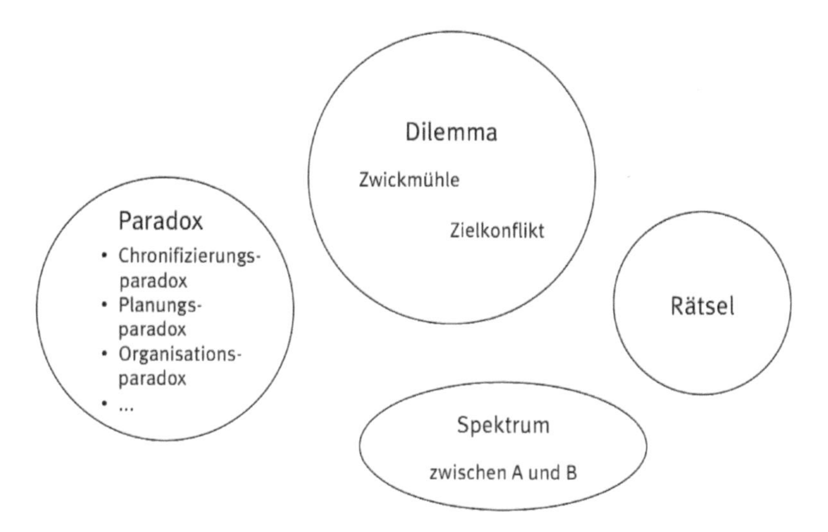

Solche Paradoxe gibt es jede Menge. Zum Beispiel das *Planungsparadox*: Je genauer man plant, desto härter trifft einen der Zufall.[12]

Immer wieder stoßen wir auch auf das *Chronifizierungsparadox*: Je erfolgreicher ich bisher mit meinem Verhalten war, desto schwerer werde ich mich tun, mein Verhalten zu verändern. Wer gibt schon gerne sein persönliches Erfolgsrezept auf?

BEISPIEL:

Anton Schlecker ist mit seiner Formel der kleinen Drogeriemärkte in jedem Stadtteil und jedem Dorf mit mehr als drei Milchkannen innerhalb weniger Jahre zum größten Drogeriehändler in Europa aufgestiegen – eine mehr als beeindruckende unternehmerische Leistung, auf die Herr Schlecker mehr als stolz sein konnte. Leider führte der langjährige Erfolg dazu, dass sich die Firma Schlecker schwertat, sich an die geänderten Rahmenbedingungen anzupassen. dm drogeriemarkt, Rossmann und Müller mit ihren größeren Filialen und breiterem Sortiment bedienten zunehmend besser die sich ändernden Kundenbedürfnisse. Vom Erfolg verwöhnt, klammerte sich Anton Schlecker zu lange an die bisherige Unternehmensstrategie. Als sich endlich die Erkenntnis durchgesetzt hatte, dass das alte Konzept nicht mehr tragfähig war, war es dann schon zu spät. Anton Schlecker, seine Schlecker-Filialen und die leidtragenden „Schlecker-Frauen" sind mittlerweile im wahrsten Sinne des Wortes Geschichte.

Das *Organisationsparadox* ist ein weiteres Paradox, das uns der unternehmerische Erfolg beschert. Gerade bei den Dienstleistern es ist die Stärke kleinerer Firmen, dass sie dynamisch und flexibel genug sind, sich auf die besonderen Bedürfnisse der Kunden einzustellen. Schneller als die großen, schwerfälligen Konzerne können sie auf neue Trends reagieren. Das macht sie erfolgreich und lässt sie wachsen. Doch je größer sie werden, desto größer wird der Abstimmungsbedarf innerhalb des Unternehmens und umso mehr Zeit wird auf die interne Koordination aufgewendet. Je erfolgreicher das Unternehmen mit seiner Flexibilität ist, desto stärker verliert es diese Flexibilität jedoch im Zuge seines Wachstums.

BEISPIEL:

Ich habe einmal erlebt, wie eine mittelständische, inhabergeführte Spedition von einem großen Logistikkonzern übernommen wurde. Der Konzern kaufte die Spedition, da sie erfolgreich am Markt war. Der Erfolg rührte aus der Flexibilität und der Schnelligkeit, mit der das Unternehmen sich auf die Kundenwünsche einstellen konnte. Damit konnte das Unternehmen die Nachteile der geringen Größe wettmachen. Nachdem die neuerworbene Spedition „erfolgreich" in den Konzern „integriert" war, sprich an alle Reporting-Systeme angeflanscht, mit allen Konzernvorgaben überhäuft und in die ganzen Abstimmungsprozesse eingebunden war, war es mit der Schnelligkeit und Flexibilität bald vorbei – mit dem wirtschaftlichen Erfolg dann aber leider auch.

In diesem Zusammenhang passt ein Beispiel aus dem „I-Ging", dem „Buch der Wandlungen".[13] Dieses Orakel ist der älteste Text aus China und besteht aus 64 Zeichen aus jeweils sechs Linien. Es bietet Menschen seit Jahrtausenden eine Entscheidungshilfe in den verschiedensten Lebenslagen. Das letzte der 64 Zeichen „Vollendung" enthält die Warnung, dass in der Vollendung meist schon der Keim des

Untergangs zu finden ist. Die Stärke, die die Basis für den eigenen Erfolg legt, geht durch den Erfolg zunehmend verloren.

Die Unterscheidung zwischen Paradox und Dilemma klingt vielleicht zu theoretisch, doch sie ist auf jeden Fall wichtig. Im Alltag sollten Sie sich nämlich eher auf Dilemmas als auf Paradoxe konzentrieren, das heißt auf die Dinge fokussieren, bei denen Ihr Handeln den größten Hebel hat und genau dort ansetzen, wo die Weichen gestellt werden. Denn es gibt einen entscheidenden Unterschied zwischen Dilemmas und Paradoxen: Beim Dilemma stehen Sie an oder *vor* der Entscheidung. Es ist der Moment, wo Sie die Qual der Wahl haben. Beim Paradox ist die Entscheidung schon gefallen und Sie werden jetzt mit den widersprüchlichen Konsequenzen konfrontiert. Sie müssen mit dem Fluch der getroffenen Wahl leben, obwohl Sie sich das Ganze so eigentlich nicht vorgestellt hatten. Mit den Folgen der Paradoxe zu leben, ist auch nicht ohne. Aber je früher Sie im Entscheidungsprozess ansetzen, desto mehr Freiräume zur Gestaltung verbleiben Ihnen. Wenn Sie es schaffen, mit dem Dilemma intelligent umzugehen, können Sie sich auch das eine oder das andere Paradox ersparen.

Der Umgang mit den Dilemmas ermöglicht es uns, die Sache an den Wurzeln anzugehen. Bei den Paradoxen laufen wir Gefahr, dass wir an den Symptomen herumdoktoren, statt uns mit den Ursachen zu beschäftigen. Von daher wollen wir uns hier auf die Dilemmas konzentrieren – damit haben wir schon genug zu tun.

Entweder-oder-Entscheidung

Neben den Paradoxen gibt es eine Reihe anderer Probleme, die wir leicht mit Dilemmas verwechseln. Bei einer Entweder-oder-Entscheidung besteht etwa kein Dilemma, wenn die beiden Pole, zwischen denen wir uns entscheiden müssen, voneinander unabhängig sind.

BEISPIEL:

Ich brauche ein neues Auto. Soll ich mir einen Golf oder einen BMW Mini kaufen? Irgendwann fällt die Entscheidung und ich wähle eines der beiden Modelle. Vielleicht plagen mich noch irgendwelche kognitiven Dissonanzen und ich jammere noch ein bisschen: „Hätte ich doch lieber den Golf genommen ...". Aber mit der Wahl des einen oder anderen Modells ist die Entscheidung gefallen und damit bin ich mehr oder weniger zufrieden. Bis zum nächsten Autokauf in einigen Jahren ist das Thema erst einmal durch.

Rätsel

Bei manchen Problemen stehen Sie scheinbar vor einem Rätsel, das Sie lösen müssen, um es beheben zu können.

BEISPIEL:

In einer Abteilung herrscht die Vorgabe, dass immer mindestens zwei Leute aus einem Bereich anwesend sein müssen. Natürlich wollen alle in den Schulferien zur gleichen Zeit ihren Urlaub nehmen. Entsprechend muss eine Lösung für die Urlaubsplanung gefunden wird, welche die Wünsche der Mitarbeiter mehr oder weniger berücksichtigt. Ist eine Lösung gefunden, hat sich das Problem erledigt – zumindest für dieses Jahr.

Spektrum

In vielen Fällen haben wir ein Problem, bei dem wir eine Lösung aus einem breiten Spektrum auswählen müssen.

BEISPIEL:

Wo positioniert sich ein neues Restaurant am Markt? Eine Möglichkeit wäre, am oberen Ende des Marktes in die Sterne-Gastronomie einzusteigen. Eine andere Möglichkeit wäre eine gehobene Döner-Bude. Jede dieser Optionen hat ihre Vor- und Nachteile. Genauso wie diverse andere denkbare Konzepte dazwischen. Aber wir brauchen nicht nur die beiden Pole der Sterne-Gastronomie und Döner-Buden in einer Lösung zu berücksichtigen. Wir müssen aus dem Spektrum auswählen und mit den Vor- und Nachteilen leben, die sich aus der jeweiligen Option ergeben. Damit ist das Problem auch hier im wahrsten Sinne des Wortes vom Tisch.

REFLEXION:

Welche der hier aufgeführten Verwandten der Dilemmas sind in Ihrem Arbeitsalltag besonders oft anzutreffen?

KAPITEL 2
WORAN ERKENNEN WIR DILEMMAS?

Dilemmas sind überall. Aber – wie wir jetzt wissen – sind nicht alle Probleme gleichzeitig Dilemmas. Wir müssen aufpassen, dass wir eine Situation nicht vorschnell als Dilemma einordnen. Solange wir ein Problem als ein Dilemma wahrnehmen, werden wir es wie ein Dilemma behandeln. Damit machen wir uns das Leben unnötig schwer. Dilemmas sind oft schwieriger zu knacken als andere Probleme und es besteht die Gefahr, dass wir mit Kanonen auf Spatzen schießen.

Viele Dinge werden scheinbar zum Dilemma, weil wir eine Entscheidung auf zwei sich widersprechende Optionen reduzieren, ohne ausreichend darüber nachzudenken, ob es nicht auch andere Möglichkeiten gibt, die Sache in den Griff zu kriegen.

BEISPIEL:

Vor einiger Zeit wurde die Abteilung einer Bekannten im Rahmen einer Reorganisation der Firma aufgelöst. Das Unternehmen bot ihr in zwei verschiedenen Abteilungen jeweils eine neue Stelle an. Doch beide vorgeschlagenen Alternativen gefielen ihr nicht. Auf den ersten Blick sieht das wie ein Dilemma aus – aber nur auf den ersten Blick. Denn in diesem Fall wird relativ schnell klar, dass es durchaus noch andere Optionen gibt. Die Bekannte könnte sich auch in anderen Bereichen des Konzerns nach einem neuen Job umsehen, zu einer anderen Firma wechseln oder sich endlich selbstständig machen.

Da man hier viel eher auf dem Radarschirm hat, dass man neben den beiden ungeliebten Angeboten weitere Optionen hat, wird die anstehende Versetzung nicht wirklich als Dilemma gesehen. Anders als bei dem Beispiel mit dem Entwicklungsingenieur aus der Einleitung, wo die Situation auf zwei Alternativen hinauslief. Erst diese Verengung auf zwei Optionen lässt die Situation zum Dilemma werden.

Damit können wir zur ursprünglichen Frage zurückkommen: Was macht ein Problem zum Dilemma? Dilemmas sind solche Probleme, bei denen es keine abschließende Lösung gibt. Das Problem besteht letztendlich weiter, da die gewählte Lösung wieder neue Probleme schafft. Im Unternehmen brauchen wir Kooperation zwischen den verschiedenen Mitarbeitern und Abteilungen. Genauso aber brauchen wir Konkurrenzdenken. Totale Konkurrenz dagegen würde das Unternehmen durch endlose Grabenkämpfe zum Erliegen bringen. Haben wir uns alle total lieb, herrscht nur Friede, Freude, Eierkuchen, würde bei dieser totalen Harmonie aber die Dynamik auf der Strecke bleiben. Weil wir beides brauchen, sowohl die Kooperation als auch die Konkurrenz, greifen Lösungen, die nur die eine Seite berücksichtigen, zu kurz. Unter solchen Bedingungen wird aus einem Problem ein Dilemma.

In der Theorie lassen sich klare Grenzen zwischen Paradoxen, Problemen und Dilemmas ziehen. In der Praxis gelingt das meist nicht. Knackpunkt eines Dilemmas ist aber, dass es keine endgültig befriedigende Lösung gibt. Das Problem dauert an, es brennt vielleicht nicht lichterloh, aber der Brand schwelt weiter. Manchmal werden wir feststellen, dass wir doch eine endgültige Lösung finden. Dann ist es – glücklicherweise – kein echtes Dilemma. Echte Dilemmas lassen sich nicht wirklich lösen. Das ist unbefriedigend – können Sie aber nicht ändern. Was Sie aber ändern können, ist die Art und Weise, wie wir an die Dilemmas herangehen. Und – das ist die gute Nachricht – es gibt mehr Ansätze, mit Dilemmas umzugehen, als es auf den ersten Blick scheinen mag. Diese Ansätze schauen wir uns im dritten Teil des Buches genauer an.

KAPITEL 3
WARUM GEHT ES NICHT OHNE DILEMMAS?

Im Vorwort habe ich behauptet, dass Dilemmas ein ganz normaler Bestandteil jeder Organisation sind. Ich schulde Ihnen noch den Beweis dafür, dass es keine Firma ohne Dilemmas gibt. Diesen Beweis möchte ich in diesem Kapitel erbringen. Dilemmas sind in Unternehmen unvermeidlich, weil fünf Faktoren zusammenkommen, die in Summe zwangsläufig Dilemmas zur Folge haben. Lassen Sie uns die einzelnen Zutaten dieses folgenschweren Cocktails anschauen.

1. Ressourcenknappheit

Die Grundzutat und damit das Grundproblem ist die Knappheit an Ressourcen. Hätten wir genug Zeit und Leute, würden sich die meisten Dilemmas erübrigen.

BEISPIEL:

Das Wachstum der Social Media-Plattform Facebook war phänomenal. Doch kurz vor dem Börsengang tauchte plötzlich der ebenfalls kostenlose Online-Dienst Instragram als ernstzunehmende Konkurrenz zu Facebook auf, um Videos und Bilder zu teilen. Beinahe zeitgleich wurde der Messenger-Dienst WhatsApp zunehmend populär, dessen Angebot gerade die jüngere Zielgruppe von Facebook mit Begeisterung nutzte. Sollte Facebook nun sein bisheriges Portfolio aufgeben und selbst einen Messenger-Dienst entwickeln? Allerdings kann Facebook-Gründer Mark Zuckerberg mit der imposanten Börsenbewertung seines Unternehmens aus dem Vollen schöpfen. Von daher stellte sich für Facebook das

Dilemma gar nicht. Statt entweder das alte System weiterlaufen zu lassen oder auf neue Dienste umzuschwenken, kaufte Facebook einfach die aufkommende Konkurrenz auf. Selbst astronomische Summen wie die 19 Milliarden US-Dollar, die Facebook für WhatsApp zahlte, konnte das Unternehmen zwar nicht gerade aus der Portokasse zahlen, aber letztendlich locker wegstecken.[14]

Firmen wie Facebook sind aber die große Ausnahme, schließlich haben die meisten anderen Unternehmen nur begrenzte Mittel zur Verfügung. Nicht umsonst sprechen wir von „Haushalten", nicht von „Prasserei", wenn wir über die Budgets in der Wirtschaft reden.

BEISPIEL:

Hätte ein Unternehmen genug Service-Techniker im Team, um auch in der Urlaubszeit nach einem Sturm außergewöhnlich viele Kundeneinsätze ausführen zu können, wäre die Sache unproblematisch. Ist die Personaldecke aber dünn, steht der Firmeninhaber vor der Wahl, entweder die Kunden zu verärgern, weil es Tage dauern kann, bis ein Techniker die Zeit findet, vorbeizuschauen und dann vielleicht noch einmal ein paar Tage, bis der Schaden tatsächlich behoben wird. Oder er sorgt für Missstimmung bei seinen Mitarbeitern, die ihren Urlaub dauernd verschieben oder unterbrechen müssen.

Knappheit bildet die Basis für Dilemmas. Weil Knappheit so zentral für Dilemmas ist, liefert uns die Natur so häufig die perfekten Beispiele für Dilemmas.

BEISPIEL:

In der Savanne gibt es nur sehr wenige Wasserstellen, besonders in der Trockenperiode. Früher oder später muss eine Gazelle an eines der verbleibenden Wasserlöcher, wenn sie nicht verdursten will. Das wissen aber auch ihre Fressfeinde. Deshalb warten Krokodile und Leoparden am Wasserloch. Die Gazelle steckt in einem perfekten Dilemma: Sie muss sich zwischen zwei Todesgefahren entscheiden – und das schnell. Die Entscheidung kann nicht lange aufgeschoben werden, denn letztlich wird der Durst immer größer.

2. Arbeitsteilung

Die zweite wichtige Zutat ist die Arbeitsteilung und verschärft die Situation, denn je höher die Arbeitsteilung, umso so brisanter wird die Lage. Erst einmal ist Arbeitsteilung etwas Fantastisches: Ohne Arbeitsteilung wäre unser Lebensstandard viel niedriger. Was könnten wir uns leisten, wenn wir – wie zu Beginn der Steinzeit – alle unsere Werkzeuge und Kleidung selbst herstellen müssten? Wie viel Nahrung könnten wir uns beschaffen, wenn wir alles selbst jagen und sammeln müssten? Unser Lebensstandard ist so hoch, weil wir in Summe extrem produktiv geworden sind. Dadurch, dass jeder Einzelne von uns nur noch hochspezialisierte Tätigkeiten übernimmt, können wie so viel herstellen und so viel anbauen. Adam Smith, der schottische Begründer der Volkswirtschaftslehre, verdeutlichte diesen Punkt schon vor fast 250 Jahren mit der Produktion von Nadeln – einem Produkt, das schon damals alles andere als ein High-Tech-Produkt war. Allein der Versuch, all diejenigen Tätigkeiten und Personen aufzuzählen, die an der Produktion von Nadeln beteiligt sind, zeigt, wie kleinteilig die Arbeitsteilung geworden ist: das Erz abzubauen (inklusive der dafür benötigten Maschinen), der Transport zur Stahlhütte (und deren Bau), die Eisengewinnung, das Walzen und die Herstellung der Nadel aus dem Draht. Die Verpackung und der Transport zum Groß- und Einzelhändler. Nur weil die Arbeitsteilung so ausgeprägt ist, können wir Nadeln für den Bruchteil eines Cents kaufen. Müssten wir alles selber machen, wären wir wahrscheinlich Wochen oder gar Monate beschäftigt. Und um wie viel anspruchsvoller wird die Sache, wenn es nicht um Nadeln, sondern um eine Bohrmaschine oder ein Auto geht?

Die Arbeitsteilung ermöglicht uns den hohen Wohlstand. Aber dafür zahlen wir einen Preis – wie bei allem anderen auch. Der Preis ist der Koordinationsbedarf, der zwischen den einzelnen Spezialisten im Produktionsprozess entsteht. Die Koordination geschieht teilweise außerhalb der Firma auf dem Markt. Innerhalb der Firma ist das die Aufgabe des Managements und der Mitarbeiterführung.

BEISPIEL:

Als ich zwischenzeitlich in Süddeutschland wohnte, führte mich ein Geschäftstermin nach langer Zeit wieder einmal nach Bonn. Ich war früh dran und da es ein schöner Tag war, entschloss ich mich, vom Hotel zum Büro meines Gesprächspartners zu laufen. Auf meinem Weg durch die Bonner Straßen reihten sich die Bürogebäude der Zentralen von Deutscher Post und Deutscher Telekom aneinander. Hier saßen Tausende von Mitarbeitern, die alle keinen Kundenkontakt hatten. Stattdessen waren diese Abertausende von Spezialisten damit beschäftigt, sich untereinander abzustimmen – von einem Abstimmungsmeeting in das nächste eilend, eine Abstimmungsschleife nach der anderen ziehend.

Das ist der Preis, den das Unternehmen und die Mitarbeiter zahlen, wenn eine Organisation eine solche Größe erreicht hat. Viele meiner Studenten träumen davon, später in einem DAX 30-Unternehmen zu arbeiten. Ich bin mir nicht sicher, ob dieser Traum immer noch so attraktiv ist, wenn den Studenten bewusst wird, wie viel Zeit ihres (Arbeits-)Lebens sie dann in Meeting, Konferenzen, Brainstorming- oder anderen Abstimmungsrunden absitzen werden.

3. Wettbewerb

Diejenigen, die sich noch bewusst an die DDR und den Trabi erinnern können, haben lebhaft vor Augen, was passiert, wenn der Wettbewerb ausbleibt.

BEISPIEL:

Kurz nach der Wiedervereinigung schaltete der Automobilhersteller Audi[15] in England eine Anzeige, in der sein damaliges Topmodell, der Audi V8, dem damals aktuellen Topmodell des Trabants, dem Trabant 601 deluxe, gegenübergestellt wurde. Die beiden Wagen hatten die gleichen Wurzeln, demonstrierten aber eindrücklich, was passiert, wenn der Leistungsdruck ausbleibt, der durch den Wettbewerb entsteht.

Der Wettbewerb führt nicht nur zu knappen Ressourcen (Budget, Kunden, Mitarbeiter und Zeit), sondern zwingt uns immer wieder dazu, Dinge im Unternehmen zu verändern, seien es die Produkte, die Prozesse oder die Prioritäten. Dieser Zwang zur Veränderung bringt Unruhe ins Unternehmen. Nicht umsonst bemerkte der britische Ökonom John Hicks[16] treffend, dass der größte Vorteil eines Monopolisten nicht der hohe Gewinn sei, sondern ein ruhiges Leben.

4. Interessengegensätze

Hätten alle in den Unternehmen die gleichen Interessen, würden sich viele Dilemmas erübrigen. Würden alle am gleichen Strang (und am gleichen Ende) ziehen, würden sich viele Gegensätze zwischen Produktion und Entwicklung oder Vertrieb und Marketing erübrigen. Aber so läuft das bekanntlich nicht, denn die Arbeitsteilung schafft Interessengegensätze, egal wie die Arbeitsteilung auch im konkreten Fall aussieht. Je knapper die Ressourcen, je größer der Wettbewerb und umso größer die Arbeitsteilung, desto größer auch die Interessengegensätze der Beteiligten. An dieser Stelle kommt uns die Arbeitsteilung besonders in die Quere: Je mehr Mitarbeiter wir ins Unternehmen holen, desto unterschiedlicher sind die Interessen, die diese Mitarbeiter mit sich bringen. Die einen wollen möglichst schnell Karriere machen, die anderen möglichst spannende Aufgaben. Und wieder andere wollen einfach nur eine ruhige Kugel schieben.

Widersprüchliche private Interessen sind das eine – widersprüchliche Interessen aufgrund der unterschiedlichen Positionen im Unternehmen das andere. Die Produktion möchte gleichmäßig ausgelastete Produktionsstraßen mit möglichst wenig Produktvarianten. Dem Vertrieb sind selbstverständlich viele Produktvarianten für die individuellen Bedürfnisse der Kunden viel lieber. Dass diese Varianten am besten bis gestern verfügbar sein müssen, versteht sich von selbst. Das Top-Management möchte entscheiden können, ohne auf die Interessen der Mitarbeiter Rücksicht nehmen zu müssen. Das sehen die Mitarbeiter natürlich ganz anders und wollen mitbestimmen, entweder direkt oder über einen Betriebsrat. Zusätzlich haben die Mitarbeiter eine doppelte Funktion mit jeder Menge Sprengkraft: sie sind einer der größten Kostenblöcke im Unternehmen, aber gleichzeitig auch der mögliche Wettbewerbsvorteil. Während die Personalkosten möglichst geringgehalten werden müssen, um am Markt wettbewerbsfähig zu sein, darf aber die Personaldecke keinesfalls zu dünn sein und gute Mitarbeiter dürfen nicht wegen schlechter Arbeitsbedingungen oder schlechter Bezahlung verloren werden. Sonst würden wir die Gans schlachten, die die goldenen Eier legt.

Interessengegensätze zwischen den einzelnen Personen und Abteilungen sind schon anstrengend genug, doch verfolgt auch noch eine einzelne Person widersprüchliche Interessen oder sind sich die Mitarbeiter innerhalb einer Abteilung nicht darin einig, was sie eigentlich wollen, ist der Weg ins Dilemma vorprogrammiert. Denn alle Mitarbeiter – egal ob Generation X, Y oder wie auch immer – wollen möglichst flexible Arbeitszeiten, ein hohes Gehalt und blendende Aufstiegsmöglichkeiten. Dazu natürlich großzügige Weiterbildungsmöglichkeiten und Sozialleistungen. Am besten wäre dann noch eine maximale Arbeitszeit von fünf

Stunden, bis die Kinder aus dem Kindergarten abgeholt werden müssen. Und eigentlich möchten die meisten dann doch lieber Häuptling, und nicht Indianer sein. Innerhalb des Vertriebs wollen einige lieber die Bestandskunden weiter beackern, andere finden es wichtiger, Neukunden zu gewinnen. Und alle wollen lieber die angenehmen Kunden betreuen, als sich mit den unliebsamen Querulanten herumzuärgern.

Ohne Arbeitsteilung blieben uns all diese Probleme erspart – oder wären zumindest deutlich entspannter. Aber wollen wir wirklich auf die Vorteile der Arbeitsteilung verzichten? Wohl kaum.

Diesen Interessengegensätzen liegen oft auch sehr unterschiedliche Werte zugrunde. Wenn jemand möglichst schnell Karriere machen will, sind ihm andere Dinge wichtiger als jemandem, der sich in allererster Linie selbst verwirklichen will. Genauso hat ein Unternehmen, das nach technischer Perfektion strebt, andere Werte als ein Start-up, das nur möglichst schnell an die Börse will. Da nur dann ein Dilemma entsteht, wenn die zur Auswahl stehenden Optionen gleich*wertig* sind, wird sich für den einen gar kein Dilemma ergeben, da die Alternativen unterschiedlich attraktiv aussehen. Für den anderen wird aber dasselbe Problem sehr wohl zum Dilemma, da nach seinen Wertvorstellungen die Optionen gleich unangenehm sind.

Wichtig ist aber, dass wir alle Werte haben, und dementsprechend auch unterschiedliche Schwerpunkte und Interessen. Wir machen uns normalerweise bloß kaum Gedanken über die vielfältigen Werte – bis wir auf Personen mit anderen Werten stoßen. Dann merken wir, wir unterschiedlich unsere Interessen plötzlich sind.

5. Unsicherheit

Die vier bisherigen Zutaten des Dilemma-Cocktails werden um einen weiteren Faktor ergänzt, der so allgegenwärtig ist, dass man schnell vergisst, dass er auch dazugehört. Aber das tut er ganz entschieden und verleiht dem Dilemma oftmals eine bittere Note.

Zum Dilemma werden viele Dinge besonders dann, wenn die Unsicherheit, unter der wir handeln, besonders groß ist. Wir wissen nicht, wie Kunden auf ein neues Produkt reagieren, was die Konkurrenz aus dem Hut zaubern wird, welche politischen Krisen, gesellschaftlichen Trends oder wirtschaftlichen Rahmenbedingungen einen Einfluss auf unsere Entscheidungen haben werden.

Noch schlimmer allerdings ist, dass wir nicht wissen, *wie* dieser Einfluss dann aussehen wird. Es müssen ja nicht nur große Finanzkrisen wie vor zehn Jahren sein, die einem einen Strich durch die Rechnung machen, oder Spannungen in den üblichen Krisengebieten wie dem arabischen Raum oder der koreanischen Halbinsel. Selbst in „normalen" und politisch sonst eher berechenbaren Ländern kann ein Volksentscheid, wie etwa beim Brexit, Planungen über den Haufen werfen. Die Komplexität, zu der sich die verschiedensten Faktoren auftürmen, macht es de facto unmöglich, zukünftige Entwicklungen vorherzusehen.

Aber nicht nur im großen Rahmen herrscht Unsicherheit, sondern bei jeder einzelnen unternehmerischen Entscheidung.

Kehren wir zu der Frage aus dem Eingangskapitel zurück, mit der sich Mercedes konfrontiert sah: Wie sollte das Unternehmen mit der Lücke im Produktportfolio umgehen? Sollte die Lücke unbesetzt bleiben oder sollte Mercedes den Kangoo vom Partner Renault adaptieren und in sein Programm aufnehmen? Letztendlich entschied sich der Automobilhersteller für die zweite Variante. Unter dem Namen „Citan" verkaufte Mercedes den leicht modifizierten Renault Kangoo. Doch bis zuletzt konnte das Unternehmen nicht abschätzen, wie die Kunden reagieren würden. Wie stark würde die Marke Schaden nehmen, wenn de facto ein Renault unter der Haube steckt? Marktforschung mag die Unsicherheit zwar etwas reduzieren. doch ein Rest Unsicherheit besteht fort. Besonders brisant wird die Unsicherheit dadurch, dass sich viele Entscheidungen nicht mehr rückgängig machen lassen: einmal auf dem Markt, beeinflusst der Mercedes Citan die Marke des Unternehmens – egal, ob der Wagen lange am Markt bleibt, erfolgreich ist oder nicht. Allein die Entscheidung des Unternehmens, diesen Wagen auf den Markt zu bringen, sendet ein eindeutiges Signal. Wie die Reaktion der Kunden ist, ist aber alles andere als eindeutig.

Unsicherheit führt dazu, dass ein und dieselbe Entscheidung zu zwei vollkommen unterschiedlichen Ergebnissen führen kann. Über 90 Prozent aller Joghurt-Sorten, die neu ins Kühlregal kommen, floppen und verschwinden schnell wieder aus dem Sortiment. Was ist bei den – immer noch unendlich vielen – Sorten anders, die die Kunden begeistert kaufen? Haben sich die Produktentwickler und Produktmanager mehr Mühe gegeben? Wurden die anderen Sorten weniger oder zu wenig beworben? Wohl kaum. Wir wissen es einfach nicht – trotz allem Aufwand, den wir betreiben, um das Mysterium Kunde besser verstehen zu können. Die Komplexität, die aus dem Zusammenspiel der verschiedensten Faktoren am Markt und im Unternehmen entsteht, macht eine klare Antwort unmöglich.

Die Ursachen der Dilemmas

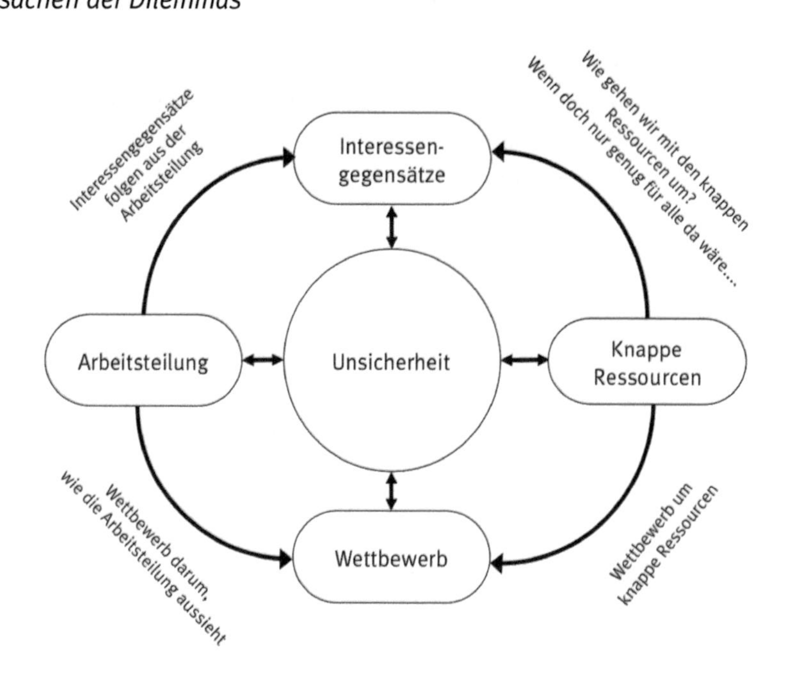

Das Zusammenwirken der fünf Faktoren lässt sich im Bild oben gut darstellen. Basis des Cocktails ist die Knappheit der Ressourcen. Wenn wir genug Leute zur Verfügung hätten, genug Budget und Zeit, uns die spannendsten Aufträge aus den vielen Kundenanfragen heraussuchen könnten, würden nur wenige Probleme zum Dilemma werden. Aber knappe Ressourcen sind für die meisten Unternehmen nun einmal Realität.

Die zweite wichtige Zutat ist die Arbeitsteilung, die wir vorfinden, nämlich zwischen Firmen am Markt und zwischen Mitarbeitern innerhalb der Organisation. Die Arbeitsteilung ist Segen und Fluch zugleich: Segen, da sie die Basis für unseren Wohlstand ist, Fluch, weil in einer arbeitsteiligen Organisation ein extrem hoher Abstimmungsbedarf entsteht. Dabei sind die Arbeitsteilung und Abstimmung an sich noch gar nicht problematisch. Die Brisanz entsteht vielmehr durch das Zusammenspiel mit den nächsten beiden Zutaten, den Interessengegensätzen und dem Wettbewerb um die knappen Ressourcen.

Wettbewerb führt zum Zwang, entscheiden zu müssen, erfordert ständige Veränderung und Anpassung. Nur so können wir weiterhin beim Kampf um die knappen Ressourcen unseren Teil vom Kuchen abbekommen. Wir haben aber nicht nur gegensätzliche Interessen hinsichtlich der Frage, wer welche der Ressourcen bekommt, sondern auch dabei, wie die Arbeit aufgeteilt wird: Wer bekommt welche Aufgaben? Wer wird befördert, wer verliert seinen Job? Und alles Handeln, alles Entscheiden spielt sich vor dem Hintergrund der Unsicherheit ab. Wir müssen Entscheidungen treffen, bei denen wir aufgrund der Komplexität all der unterschiedlichen Faktoren nicht abschätzen können, wie die Sache ausgehen wird. Dennoch sind Entscheidungen unumgänglich – auch die, die nur schwer rückgängig zu machen sind. Gäbe es keine Unsicherheit, wären auch viele Dilemmas entschärft: die Folgen der Entscheidungen wären vorhersehbar und klar abzuschätzen.

Jede dieser fünf Zutaten allein an sich führt noch nicht notwendigerweise dazu, dass ein Dilemma entsteht. Doch in der Kombination lassen sich Dilemmas nicht vermeiden. Denn solange wir Unternehmen haben, die im Wettbewerb stehen, die arbeitsteilig am Markt unterwegs sind, unter Unsicherheit ihre Entscheidungen über die Verwendung knapper Ressourcen treffen müssen usw., solange werden wir regelmäßig vor Dilemmas stehen.

Was für Wirtschaftsunternehmen zutrifft, gilt fast 1:1 für den Non-Profit-Bereich. Auch hier führen diese Faktoren zwangsläufig zu Dilemmas. Egal, ob wir von öffentlichen Einrichtungen wie Kindergärten, Schulen, Theatern oder vom Straßenbau sprechen. Hier gilt zwar nicht die Forderung, möglichst profitabel zu wirtschaften, jedoch geht es hier darum, einen Teil der knappen öffentlichen Mittel abzubekommen.

Öffentliche Einrichtungen haben zumeist keine direkten Kunden, die zahlen (und verhalten sich oft auch dementsprechend), allerdings haben sie Gruppen von Wählern und Politikern, die sie zufriedenstellen müssen. Machen sie das nicht, zieht die jeweilige Einrichtung in der nächsten Kürzungsrunde den Kürzeren oder hat bei der Frage, ob die Stadtverwaltung das kommunale Schwimmbad schließt oder das städtische Orchester streicht, das Nachsehen. Genauso stehen Vereine ständig vor Dilemmas. Soll ein Sportverein die knappen Mittel in den Leistungssport investieren, um Sponsoren anzulocken? Oder soll der Verein das Geld in die Jugendarbeit und den Breitensport stecken, um damit zukünftige Medaillengewinner aufzubauen? Über die Frage wird in vielen Vereinsvorständen hitzig gestritten. Um beide Optionen gleichzeitig zu verfolgen, fehlt häufig das Geld.

Egal, ob im Non-Profit-Bereich oder in Firmen: Solange sich Menschen in Organisationen zusammenfinden, um gemeinsame Ziele zu erreichen, genauso lange werden wir in den Organisationen ständig mit Dilemmas konfrontiert sein. Dass wir uns mit Dilemmas herumschlagen müssen, ist daher kein Zeichen von schlechtem Management, persönlicher Schwäche oder dass wir einen schlechten Job machen. Diese Dilemmas sind der Preis für unseren hohen Lebensstandard – gerade bei Leuten in Führungspositionen.

Wenn Sie als Verkäuferin im Baumarkt arbeiten, als Mitarbeiter der Müllabfuhr oder als Sachbearbeiterin in der städtischen Verwaltung, haben Sie für gewöhnlich geregelte Arbeitszeiten. In vielen anderen Berufen sind die Arbeitszeiten nicht nur ungeregelter, sondern auch deutlich länger. Dafür bekommen Sie dort aber die Chance auf einen deutlich höheren Verdienst oder inhaltlich wesentlich anspruchsvollere Aufgaben. Da die Routinetätigkeiten keine teuren Führungskräfte benötigen, werden Sie als Manager aber deutlich stärker mit all den Dilemmas konfrontiert, die in einer Organisation zwangsläufig auftauchen.

Es ist nicht seltsam, dass Sie ständig mit Dilemmas konfrontiert sind. Im Gegenteil wäre es fragwürdig, wenn Sie sich nicht ständig damit herumschlagen müssten. Denn dann müssten Sie sich fragen, ob Sie überhaupt im richtigen Film sind. Jetzt wird hoffentlich klar, was ich eingangs meinte: Dilemmas sind nicht die gelbe Karte für unzureichende Leistung im Management, sondern die Eintrittskarte dafür, dass Sie im Spiel des Managements überhaupt mitspielen dürfen. Dilemmas sind nun einmal eine wichtige Daseinsberechtigung des Managements. Willkommen auf dem Spielfeld!

KAPITEL 4
WO FINDEN WIR DILEMMAS?

Wir haben nun eingesehen, dass Dilemmas zu einer Organisation einfach dazugehören. Daher überrascht es auch nicht, wenn wir Dilemmas eigentlich überall in der Organisation finden – in den verschiedensten Bereichen und auf den unterschiedlichsten Ebenen. Je besser wir unseren Feind kennen, umso besser können wir mit ihm umgehen. Die Bereiche in der Organisation, wo wir Dilemmas antreffen, wollen wir uns genauer anschauen. Um die Sache etwas zu vereinfachen, werden wir dazu zwei verschiedene Ebenen unterscheiden: zum einen die Management-Dilemmas, zum anderen die Führungsdilemmas. Dabei handelt es sich jedoch nur um eine grobe, oberflächliche Einteilung. Die Übergänge sind – wie wir gleich sehen werden – oft fließend.

Management-Dilemmas

Lassen Sie uns mit den Management-Dilemmas anfangen. Das sind diejenigen Dilemmas, die auf der Ebene der Organisation im Zusammenhang mit der Kultur, der Strategie des Unternehmens, dessen Strukturen und Prozessen entstehen. Daher muss sich vor allem das Top-Management mit dieser Art der Dilemmas herumschlagen – egal, ob als Vorstand, Geschäftsführer, Aufsichts- oder Verwaltungsrat. Manchmal ist auch das mittlere Management direkt betroffen.

BEISPIEL:

Eine Firma ist Zulieferer für die großen Automobilhersteller. Die Abhängigkeit von dieser Handvoll Kunden ist groß – der Kostendruck noch größer. Sollte das Unternehmen die wenigen Ressourcen, die es noch hat, darauf verwenden, neue Kunden außerhalb der Automobilbranche zu gewinnen? Oder diese Mittel lieber in die Verbesserung der bestehenden Produkte investieren?

Ein klassisches Management-Dilemma. Genauso wie das Dilemma, das sich oft bei Investitionsentscheidungen stellt. Sollen wir kurzfristig massiv auf Kosten der laufenden Dividende investieren und damit die Aktionäre verärgern? Dadurch uns aber Wachstumschancen aufbauen, um langfristig höhere Gewinne erzielen zu können? Wie sollen wir entscheiden?

Zu den Management-Dilemmas gehört auch die Frage, wie viel Freiheit den einzelnen Tochtergesellschaften gewährt werden sollte. Führt eine höhere Autonomie dazu, dass das lokale Management stärker unternehmerisch handelt? Können dadurch die Produkte besser an die lokalen Bedürfnisse angepasst werden? Oder hat die Autonomie vielleicht zur Folge, dass das lokale Management die Freiheiten missbraucht und damit den Ruf der ganzen Unternehmensgruppe in Gefahr bringt? Oder zumindest in den einzelnen Tochtergesellschaften sehr viel Doppelarbeit entsteht?

Wie stark sollen wir Prozesse standardisieren? Sieht der Recruiting-Prozess für neue Mitarbeiter in China und den USA genauso aus wie im deutschen Mutterhaus? Wie weit lohnt es sich, hier auf kulturelle Besonderheiten in den jeweiligen Arbeitsmärkten einzugehen – von den unterschiedlichen rechtlichen Anforderungen ganz zu schweigen? Wie weit verschenken wir dadurch Synergien im Prozess?

Charakteristisch für Management-Dilemmas ist, dass es nicht um einzelne Mitarbeiter oder einzelne Führungskräfte geht, sondern um Gruppen von Mitarbeitern, Strukturen und Prozesse – im Gegensatz zu den Führungsdilemmas.

REFLEXION:

Welches Management-Dilemma wirkt sich derzeit besonders stark auf Ihre alltägliche Arbeit aus?

Führungsdilemmas

Hier geht es darum, wie sich eine Führungskraft gegenüber einem einzelnen Mitarbeiter oder einer ganzen Gruppe verhalten soll. Management-Dilemmas betreffen eine relativ kleine Gruppe von Managern in der Organisation. Mit Führungsdilemmas werden alle im Unternehmen konfrontiert, die Mitarbeiter führen dürfen und müssen. Diese Art von Dilemma hat es in sich, denn zum eigentlichen Dilemma kommen weitere, entscheidende Punkte erschwerend hinzu.

In Deutschland gibt es für alles einen Führerschein: Autos, Traktoren und Motorsägen. Es gibt Jagd- und Angelscheine, und scheinbar gibt es auch einen Nähmaschinen-Führerschein. Viele dieser Führerscheine sind natürlich wirklich sinnvoll. Auffällig ist aber, dass es für zwei Dinge in Deutschland keinen Führerschein gibt, die man ohne Ausbildung und bestandene Prüfung noch machen darf: Eltern werden und Mitarbeiter führen. Wobei gerade hier der Nachweis fundierter Kenntnisse mehr als sinnvoll wäre – besonders beim Führen von Mitarbeitern.

Für die Ausbildung als Ingenieur braucht man mehrere Jahre, die Ausbildung zur Fachkraft zieht sich ebenfalls häufig über mehrere Monate. Wird man aber zum Team- oder Gruppenleiter befördert, kann man sich glücklich schätzen, wenn die Firma einem ein paar Tage Führungsseminar spendiert. Und das, obwohl gerade die Mitarbeiter das wichtigste Gut des Unternehmens sind. So steht es zumindest in den Hochglanzbroschüren der meisten Unternehmen oder auf der „Über uns"-Seite auf der Homepage. Die Ausbildung, die man in den allermeisten Fällen bekommt, steht in keinerlei Verhältnis zur Verantwortung, die einem übertragen wird. Überwiegend bleibt die frischgebackene Führungskraft mit ihren Problemen sich selbst überlassen. Sich glücklich schätzen kann, wer vom eigenen Vorgesetzten gecoacht oder in den Genuss einer Übergabe- und Einarbeitungszeit mit dem scheidenden Vorgänger kommt.

Natürlich ist die Konstruktion einer Brücke anspruchsvoll, deshalb sollte auch ein Profi die Planung eines solchen Bauwerks übernehmen. Aber auch die Führung von Mitarbeitern ist von enormer Bedeutung und ist nichts, was man von heute auf morgen einfach kann oder erlernen kann – unabhängig davon, ob man grundsätzlich gut mit Menschen kann. Zur Mitarbeiterführung gehört, Personalentscheidungen zu treffen, etwa neue Mitarbeiter einzustellen, die dann bestimmte Aufgaben erledigen sollen. Dazu brauchen wir – strenggenommen – Funktionsträger. Stattdessen bekommen wir es mit Menschen zu tun, mit all ihren Wünschen und Erwartungen, Macken und Eigenarten. Über die unterschiedlichen persönlichen Interessen haben wir bereits gesprochen. Doch stellen die Mitarbeiter auch die unterschiedlichsten Erwartungen an eine Führungskraft, etwa daran, wie sich der Chef grundsätzlich und in verschiedenen Situationen verhalten soll. Selbst diese Erwartungen unterscheiden sich zwischen den einzelnen Mitarbeitern massiv.

Egal, ob bei einem Führungstraining in Unternehmen oder in einer Vorlesung an der Hochschule zur Mitarbeiterführung: die folgende Übung funktioniert immer.

BEISPIEL:

Dabei bitte ich die Teilnehmer, in Vierergruppen zwölf Aussagen über das Führungsverhalten von Vorgesetzten in eine Reihenfolge zu bringen. Zuerst soll jeder für sich entscheiden, welcher dieser zwölf Punkte am wichtigsten, was am unwichtigsten ist. Dann soll die Gruppe gemeinsam ein Ranking erstellen. Die Ergebnisse sind immer wieder frappierend. Die Aussage, die bei der einen Gruppe auf Platz zwei landet, landet bei anderen Gruppen auf den hinteren Rängen. Aber selbst innerhalb einer Gruppe kann ein und dieselbe Aussage einmal auf dem ersten, einmal auf dem dritten und gerne auch auf den neunten Platz liegen. Egal wie klein die Gruppe auch ist, die Erwartungen, die an eine Führungskraft gestellt werden, sind immer wieder extrem unterschiedlich.

Als Führungskraft sollten Sie sich bewusst sein, dass Sie es selbst in kleinen Teams nie allen Ihren Mitarbeitern recht machen können. Es sei denn, Sie führen zufälligerweise eine Gruppe von Klonen. Doch so weit sind wir – glücklicherweise – mit der Gentechnik dann doch noch nicht.

Erschwerend kommt ein weiterer Aspekt hinzu. Wenn wir als Unternehmen einen Mitarbeiter einstellen, kaufen wir Potenzial ein, nämlich das Potenzial, dass ein Mitarbeiter eine bestimmte Leistung erbringen kann. Was wir jedoch nicht mit einkaufen können, ist die Gewissheit, dass dieser Mitarbeiter diese Leistung auch wirklich erbringt. Wir können nur hoffen, dass er die vorhandenen PS auf die Straße kriegt. Dass dieses Potenzial tatsächlich in Leistung umgesetzt wird, ist eine der Hauptaufgaben der Vorgesetzten. Bei einigen Mitarbeitern gelingt es einfacher, sie so zu motivieren, dass die mögliche Leistung auch erbracht wird, bei anderen ist das deutlich schwieriger, insbesondere dann, wenn Sie sich das Team nicht selbst ausgesucht haben, sondern von Ihrem Vorgänger geerbt haben.

Obwohl der deutsche Begriff „Führungskraft“ nahelegt, dass das Führen der Mitarbeiter die Hauptaufgabe eines Vorgesetzten ist, verbringen wir den größten Teil des Tages mit ganz anderen Themen: Abläufe müssen mit internen und externen Kunden abgestimmt werden, es sind Konflikte zwischen den Abteilungen und Bereichen zu lösen oder Sie müssen Ressourcen in Budgetrunden erstreiten und dann intern verteilen. Daneben soll selbstverständlich inhaltlich gearbeitet werden, es sind Reports oder Präsentationen zu erstellen und Kunden oder dem Chef vorzustellen, und natürlich überhaupt erst Kunden zu akquirieren oder Konzepte zu entwickeln. Für die eigentliche Führung bleibt – meist zu – wenig Zeit. Mein ehemaliger Chef meinte zum Thema Zeitmanagement nur lapidar, wenn mir der Tag mit 24 Stunden nicht reichen würde, könnte ich ja noch die Nacht dazunehmen. Das sollte witzig sein. War es aber nicht.

Zusäzlich muss man sich als Vorgesetzter in der ohnehin begrenzten Zeit auch noch mit den Mitarbeitern und den Führungsdilemmas herumschlagen. Klar ist, dass Sie alle Ihre Mitarbeiter gleich behandeln *sollen*. Das gebietet die Fairness und die Wertschätzung der Mitarbeiter – trotz unterschiedlichen Sympathien und Wellenlängen. Gleichzeitig *dürfen* Sie die Mitarbeiter aber nicht gleich behandeln. Schließlich zeigen diese unterschiedliche Leistungen, verfügen über unterschiedliche Erfahrungen und unterschiedliches Können, sind unterschiedlich interessiert und motiviert. Sie müssen Ihre Mitarbeiter gleichzeitig gleich und ungleich behandeln. Willkommen im ganz normalen Führungswahnsinn!

Als Führungskraft sollen Sie mit den Mitarbeitern als ein Team arbeiten, die Teammitglieder entsprechend gut kennen und eine persönliche Beziehung zu ihnen aufbauen. Sie sollen jemand sein, dem die Mitarbeiter vertrauen und selbst mit privaten Dingen zu Ihnen kommen können. Und ebenso sollen Sie eine gewisse Distanz zu Ihren Leuten halten und genügend Autorität wahren, um schwierige und unpopuläre Entscheidungen durchsetzen zu können. Sie sollen gleichzeitig nah und distanziert sein. Der ganz normale Wahnsinn geht weiter.

Wie weit delegieren Sie Aufgaben an Ihre Mitarbeiter? Auf der einen Seite *müssen* Sie viele Dinge delegieren, denn allein können Sie nicht alle Aufgaben bewältigen. Außerdem ist das Team schließlich dazu da, Sachen abzuarbeiten. Aber wie weit *dürfen* Sie Dinge delegieren? Wie weit *dürfen* Sie den Mitarbeitern vertrauen, dass sie die Sachen richtig machen? Wie weit *müssen* Sie ihnen vertrauen? Denn mit der delegierten Aufgabe geben Sie gleichzeitig die Kontrolle über die Aufgabe ab. Geht die Angelegenheit dann aber schief, müssen Sie als Chef, als Chefin dafür gerade stehen und den Kopf hinhalten, selbst wenn Sie es nicht verbockt haben.

Diese Führungsdilemmas zwischen einzelnen Personen sind schon anspruchsvoll genug, jedoch kommen ja noch die widersprüchlichen Interessen von ein und derselben Person hinzu.

Für jeden Mitarbeiter wie auch für jeden Vorgesetzten ist eine gute Work-Life-Balance wichtig. Natürlich will man sich beruflich weiter entwickeln, doch möchte man dafür nicht unbedingt alle drei Jahre mit der Familie umziehen oder für die Firma die nächsten fünf Jahre nach Timbuktu oder Nordkorea gehen, vor allem dann nicht, wenn auch die Karriere des Partners oder der Partnerin irgendwie mit unter einen

Hut zu kriegen ist. Die Krux ist nur, dass ein gut bezahlter, spannender Job mit einem gewissen Maß an Verantwortung zumeist an zeitintensiven Bedingungen geknüpft ist und in der Regel wenig bis keine Freizeit die Folge sind. Die Familie sähe es am liebsten, wenn Papa viel Geld verdient und gleichzeitig viel Zeit zu Hause verbringt. All diese Erwartungen lassen sich kaum miteinander in Einklang bringen. Da hilft eigentlich nur noch reich heiraten und die Ländereien und Liegenschaften der neuen Familie verwalten.

Diese Dilemmas innerhalb einer Person sind zwar problematisch, betreffen aber in erster Linie das Selbstmanagement. Lassen Sie uns erst einmal auf die Dilemmas zwischen den Personen, Vorgesetzten, Mitarbeitern und auch der eigenen Chefin konzentrieren. Da legen wir uns schon genug auf den Teller.

REFLEXION:

Welches Führungsdilemma macht Ihnen derzeit am meisten zu schaffen? Welche Gegenpole treffen dort aufeinander?

Wie bereits erwähnt, verlaufen die Grenzen zwischen Management-Dilemmas und Führungsdilemmas fließend. Grundsätzlich beziehen sich aber Führungsdilemmas mehr auf die einzelne Person, das Wechselspiel zwischen Vorgesetzten und Mitarbeiter, während bei den Management-Dilemmas die Prozesse und Strukturen im Vordergrund stehen. Gerade in kleineren Unternehmen mit wenigen Hierarchieebenen betreffen die Entscheidungen eines Chefs schnell nicht nur einzelne Mitarbeiter, sondern auch grundsätzliche Richtlinien. So ist der Schritt vom Führungsdilemma zum Management-Dilemma nicht weit. Das Dilemma des Entwicklungschefs aus dem Eingangskapitel, inwieweit er der Gehaltsforderung des Bewerbers nachgibt, ist ein derartiger Grenzfall, denn mit der personellen Einzelentscheidung wird potenziell die gesamte Gehaltspolitik der Abteilung und eventuell auch des Unternehmens aus dem Gleichgewicht gebracht.

Mit Führungsdilemmas muss sich jeder herumschlagen, der ein eigenes Team führt, selbst wenn es nur aus ein oder zwei Leuten besteht. Nicht jeder ist Top-Entscheider und bestimmt Strategien, Prozesse und Strukturen. Aber die Management-Dilemmas, die es dabei zu managen gilt, betreffen letztendlich alle im Unternehmen. Und da hilft es, wenn alle Betroffenen diese Management-Dilemmas (er)kennen und verstehen.

2

DIE FRANZÖSISCHE REVOLUTION:

EINE TOUR ZU DEN WICHTIGSTEN DILEMMAS IN ORGANISATIONEN

Im letzten Teil haben wir gesehen, dass wir keine Organisation ohne Dilemmas erleben werden. Die Gründe dafür sind hoffentlich klar geworden. Wir hatten auch festgestellt, dass sich Dilemmas in den verschiedensten Bereichen und Ebenen der Unternehmen ergeben. Unser Ziel ist es, dass Sie nicht nur einen entspannteren, sondern auch einen intelligenteren Umgang mit diesen allgegenwärtigen Dilemmas entwickeln. Dazu ist es hilfreich, nicht nur zu wissen, dass es überall Dilemmas gibt, sondern auch, mit welchen Dilemmas wir uns herumschlagen müssen. Wie sehen diese Dilemmas konkret aus, in welcher Form und Gestalt werden sie uns meist begegnen? Denn je besser wir unseren Feind und seine Spielarten und Varianten kennen, desto einfacher wird es uns im dritten Teil fallen, passende Lösungsansätze zu entwickeln. Schauen wir uns also in diesem Teil genauer an, wie unser Gegner aussieht.

Mit welchen Dilemmas haben wir es nun konktret zu tun? Es gibt – das dürfte kaum überraschen – fast so viele Klassifizierungen von Dilemmas, wie es Autoren zu Dilemmas gibt. Einige unterscheiden nicht groß zwischen den unterschiedlichen Dilemmas, andere schaffen detailliert ausgearbeitete Einteilungen. Diese detaillierten Einteilungen haben den Charme, sehr präzise zu sein, aber auch den großen Nachteil, für den Alltagsgebrauch schnell umständlich zu werden. Die Zeit ist zu knapp, um erst länger in der Liste nach der richtigen Klassifizierung zu suchen. Daher möchte ich mich hier auf vier zentrale Dilemmas konzentrieren, mit denen sich der größte Teil der Phänomene, die im Unternehmensalltag zu beobachten sind, ganz gut abdecken lässt. Um sich diese Dilemmas besser einprägen zu können, will ich sie unter das Motto der Französischen Revolution stellen:

Revolution = Freiheit, Gleichheit und Brüderlichkeit

Was verbirgt sich hinter den Schlagworten? Starten wir am Anfang, mit der Revolution an.

KAPITEL 5
REVOLUTION – DAS DILEMMA VON VERÄNDERUNG UND BEWAHRUNG

Die einzige Konstante im Universum ist die Veränderung.

HERAKLIT

Dieses bekannte Zitat des antiken griechischen Philosophen Heraklit dürfte sich unter den Top-Ten der Manager-Zitate finden lassen. Egal, ob es um Change-Management, die Suche nach Innovationen oder die Entwicklung neuer Geschäftsmodelle geht – dieser Ausspruch lässt nicht lange auf sich warten. Veränderung und Dynamik stehen im Managementdenken hoch im Kurs. Kaum jemand empfindet es als Beleidigung, wenn er als „dynamisch" charakterisiert wird. Plädiert aber jemand dafür, Dinge so zu lassen wie sie sind, wird er schnell als Bedenkenträger abgestempelt, egal wie berechtigt die Einwände auch sein mögen. Beim Revolutionsdilemma werden wir mit dem gleichzeitigen Zwang konfrontiert, Dinge sowohl verändern und zugleich unverändert lassen zu müssen. Ohne Veränderung ist die Firma langfristig nicht mehr wettbewerbsfähig, mit zu viel Veränderung versinkt sie im Chaos und ist nicht mehr funktionstüchtig. Wir müssen uns gleichzeitig verändern und nicht verändern.

Wir finden das Revolutionsdilemma, die Zwickmühle von Veränderung und Bewahrung, genauso als Management- wie auch als Führungsdilemma. Fangen wir mit den Management-Dilemmas an.

Viele Unternehmen haben Angst, dass sie das gleiche Schicksal wie Kodak ereilt.

BEISPIEL:

Kodak war in seinen Anfangsjahren hoch innovativ und wurde zu einer Industrie-Ikone, vergleichbar mit Samsung oder Cisco. Doch heute ist Kodak – nach seiner Insolvenz – nur noch ein Schatten seiner selbst. Lange Zeit dominierte das Unternehmen den Markt für analoge Fotografie. Mehr noch, Kodak hat diesen Markt überhaupt erst geschaffen, indem es die damals neue Technologie der Fotografie der breiten Masse zugänglich machte. Doch gerade wegen dieser dominanten Position tat sich das Unternehmen so schwer, sich auf die Digitalfotografie einzulassen. Zu sehr war das Unternehmen mit der analogen Technik verheiratet. Ironischerweise hatte Kodak die Digitalfotografie sogar selbst mit entwickelt. Als die Firma endlich reagierte, war es schon zu spät, die analoge Bildtechnologie war längst überholt. Viel zu lange hatte das Unternehmen zu vehement versucht, seine Position mit der analogen Fotografie zu bewahren – und damit verloren. Genauso erging es Nokia.

BEISPIEL:

Bevor Apple 2007 sein erstes iPhone auf den Markt brachte, war Nokia der unangefochtene Marktführer der Mobiltelefon-Hersteller, Apple dagegen noch ein Newcomer. Anfänglich hatte das finnische Management nur über die geringe technische Leistungsfähigkeit des Geräts gelächelt, aber nicht mit dem Hype gerechnet, welchen das stylische Multi-Funktions-Smartphone aus Cupertino auslösen würde. Der Rest ist Geschichte.

Firmen, die vor wenigen Jahren noch kleine Start-ups waren, verzeichnen heute Börsenbewertungen, von denen die meisten DAX-Unternehmen nur träumen können. Gerade viele deutsche Firmen machen sich ernsthafte Sorgen. Die Automobilbranche ist eines der zentralen Standbeine der deutschen Wirtschaft. Der Erfolg der Branche hängt stark von der hoch entwickelten Motorentechnik und dem damit verbundenen leistungsfähigen Netzwerk an Zulieferfirmen ab. Hier haben die deutschen Unternehmen eine fast unangreifbare Position. Allerdings stellt sich zunehmend die Frage, wie lange oder sogar ob dieser Wettbewerbsvorteil in diesem Bereich in Zukunft überhaupt noch von Bedeutung sein wird. Der Trend geht eindeutig zur Elektromobilität. Nicht umsonst haben chinesische Unternehmen die Weiterentwicklung von Verbrennungsmotoren weitestgehend eingestellt und konzentrieren sich voll auf die Zukunftstechnologie der Elektromotoren. Statt bei den Verbrennungsmotoren weiter hinterherzuhecheln, versuchen die chinesischen Anbieter mit der neuen Technologie links zu überholen bzw. das Spielfeld zu wechseln. Da sie hier weniger zu verlieren haben als die deutschen Hersteller und es weniger an vorhandener Technologie zu bewahren gibt, fällt die Veränderung leichter. Das Dilemma der deutschen Hersteller, dass sich beim Technologiewechsel ergibt, stellt sich für die chinesischen Firmen nicht weiter. Nicht umsonst ist es Volvo, die schwedische Tochter des chinesischen Automobilherstellers Geely, der als erster „europäischer“ Automobilhersteller verkündet, nicht mehr in die Weiterentwicklung von Verbrennungsmotoren investieren zu wollen.[17]

Vor 20 Jahren brachte der Harvard-Professor Clayton Christensen das Buch *The Innovator's Dilemma* heraus, welches das wohl einflussreichste Werk im Bereich des strategischen Managements in den letzten zwei Jahrzehnten sein dürfte – und zwar zu Recht.[18] Denn Christensen arbeitet sehr genau das Revolutionsdilemma heraus. Branche für Branche zeigt er, wie schwer es den Branchenführern fiel, sich auf Innovationen einzulassen, denn die neuen Technologien waren oft weniger leistungsfähig als die bisher dominierende Technik. Doch die bestehenden Kunden forderten mehr Leistung, nicht weniger. Um die bestehenden Kunden bedienen zu können, taten die Platzhirsche gut daran, die bestehende Technologie zu optimieren. Aber irgendwann war die neue Technologie dann doch so gut, dass sie entweder leistungsfähiger oder billiger als die alte Technik wurde. Und als es so weit war, hatten die Firmen, wie schon früher auf die neue Technologie gesetzt hatten, einen so großen Vorsprung, dass die „alten“ Branchenführer diesen Vorsprung nicht mehr einholen konnten. Egal, welche Branche Christensen vorführt, kaum eine der Firmen, die mit der alten Technik den Markt dominierte, war noch nach Einführung der neuen Technologie unter den Top Playern vertreten.

Und genauso wie die Automobilhersteller Angst vor der neuen – disruptiven – Elektromobilität haben, genauso fürchten sie die Technik des autonomen Fahrens. Ein ehemaliger Mitarbeiter der Forschungsabteilung von Daimler erzählte mir einmal, dass Daimler bereits zur Jahrtausendwende einen Großteil der notwendigen Technik im Haus hatte, die für die Einführung des autonomen Fahrens notwendig war. Doch offensichtlich scheute das Unternehmen den riskanten Schritt in die Zukunft. Warum sich auf ein neues, unbekanntes Feld wagen, wenn man mit den alten Technologien doch so erfolgreich ist?

Was für die Automobilbauer der Elektromotor, ist für die Maschinenbauer der 3D-Druck. Die deutschen Maschinenbauer, die sich so gut aufs Fräsen, Zerspannen, Schneiden von Metallen und anderen Werkstoffen verstehen, müssen dabei zusehen, wie ein großer Teil ihres Know-hows mit dem 3D-Druck an Relevanz zu verlieren droht. Noch sind die 3D-Drucker nicht so gut, dass sie die verschiedenen

Werkzeugmaschinen tatsächlich adäquat ersetzen können. Doch die Frage lautet nicht, *ob* sie diese alte Technologie ersetzen werden, sondern *wann* das geschehen wird.

Selbst eine Firma wie Google hat Angst[19] davor, von irgendeinem neuen Player mit einer disruptiven Technik auf dem Markt für Online-Werbung abgehängt zu werden, den Google so stark mit seiner Suchtechnologie dominiert, dass das Unternehmen konkurrenzlos ist – zumindest für den Moment. Doch jederzeit könnte ein neuer Player auftauchen und Google das gleiche Schicksal ereilen, wie seinerzeit die damaligen Wettbewerber, die der Konzern mit seiner innovativen Suchmaschinentechnologie plattgemacht hat. Um das zu verhindern, hat Google in den letzten Jahren die unterschiedlichsten Projekte angestoßen: selbstfahrende Autos, Biotechnologie gegen menschliches Altern, mit Nest-Technologien für die Vernetzung der eigenen vier Wände, Ballons für den Internetzugang in entlegenen Regionen, Künstliche Intelligenz und eine Reihe anderer Themen. Alles Versuche, um neue Dienstleistungen aufzubauen und neue Märkte zu erschließen, bevor der alte Markt von neuen Wettbewerbern erobert wird. So strahlend Google momentan auf dem Markt der Suchmaschinen dasteht, so erfolglos blieb bisher die Suche nach dem „next big thing".

Bereits in Teil 1 haben wir den ständigen Wettbewerbsdruck als einen Grund für das Entstehen von Dilemmas in Firmen identifiziert. Gleichzeitig dürfte der Wettbewerbsdruck mit dem ständigen Zwang, sich anpassen zu müssen, der Grund dafür sein, warum in Unternehmen eine ganz klare Präferenz in Richtung Veränderung besteht. Wie eben angesprochen: Veränderungen sind gut, Bewahrung ist schlecht. Bewahrung klingt nach Bedenkenträger, nach Behörde.

Aber nur zu verändern geht auch nicht. Denn wenn sich alles in der Organisation ständig verändert, stürzt die Firma in heilloses Chaos. Man ist zu sehr mit dem „Sich verändern" beschäftigt, um noch Zeit dafür zu haben, die Produkte und Dienstleistungen zu erbringen, für die die Kunden bezahlen. Diejenigen, deren Firma einmal von einem Wettbewerber übernommen wurde, können ein Lied davon singen.

Neben aller Veränderung benötigen Organisationen auch Konstanz. Damit die unterschiedlichsten Personen in einer hochgradig arbeitsteiligen Organisation überhaupt zusammenarbeiten können, brauchen die Mitarbeiter Regeln, müssen wissen, wie sie sich verhalten, mit wem sie sich abstimmen und was sie wann tun sollen.

Ein Teil – aber nur der kleinste Teil – dieses Wissens ist in Verfahrensanweisungen und Handbüchern niedergeschrieben. Der überwiegende Anteil des notwendigen Know-hows hat sich im Laufe der Zeit als Erfahrungswissen herauskristallisiert. Daher bedeutet jede Veränderung, dass wir einen Teil dieses Erfahrungswissens entlernen, sprich aktiv vergessen müssen. Wenn sich zu viel auf einmal ändert, kommt die Organisation mit dem Entlernen und dem Neulernen nicht hinterher. Resultat: Die Organisation ist nicht mehr funktionsfähig. Zusätzlich erschwert wird das durch den Umstand, dass wir Gewohnheitsstiere sind. Wir lieben und leben Routinen. Dabei ist es vollkommen egal, ob es darum geht, wie wir am liebsten unseren Kaffee trinken, oder wie wir Produkte einführen oder mit Kunden und Mitarbeitern umgehen. Auch diese Routinen sind gesammeltes Erfahrungswissen, die uns helfen, die Komplexität des Alltags zu bewältigen und den ganz normalen Wahnsinn im Griff zu behalten. Und da sind wir wieder – willkommen zurück – beim Chronifizierungsparadox: Je erfolgreicher wir in der Vergangenheit mit unserer Routine waren, desto schwerer fällt es uns, sich von dieser Gewohnheit zu lösen.

Menschen sind mit zu viel Veränderung schnell überfordert. Das gilt für alle Lebensbereiche, besonders aber für den Umgang mit Veränderungen im Unternehmen. Viele Mitarbeiter sehen grundsätzlich die Notwendigkeit ein, dass sich die Organisation verändern muss. Soviel Realitätssinn ist durchaus vorhanden und bis zu einem gewissen Grad für die Mitarbeiter akzeptabel. Was sie aber nicht akzeptieren können, sind Aktionen des Managements, bei denen innerhalb kurzer Zeit die Marschrichtung mehrmals um 180° geschwenkt wird. In solchen Fällen ist nachvollziehbar, dass die Mitarbeiter der aktuellsten neuerlichen Kehrtwende mit einer gewissen Skepsis begegnen und sich fragen, ob sich dahinter nicht einfach nur noch planloser Aktionismus verbirgt.

Bekanntermaßen drehen die Reifen durch, wenn man auf glattem Untergrund zu stark aufs Gas tritt, man verliert die Haftung und kommt nicht mehr voran. Genauso verliert eine Organisation die Bodenhaftung – und damit auch die Handlungsfähigkeit –, wenn Veränderungen scheinbar nur noch der Veränderung willen durchgeführt werden und an zu vielen Baustellen im Unternehmen gleichzeitig gewerkelt wird.

Einem Sprichwort zufolge ist das Gras auf der anderen Seite des Zauns immer grüner. Große Konzerne gelten im Moment als zu behäbig, zu starr. Agilität ist eines der buzzwords, die gerade hoch im Kurs stehen. Es gibt kaum ein etabliertes Unternehmen, in dem nicht gepredigt wird, dass die Organisation beweglicher werden müsse. Es gibt kaum einen Konzern, dessen Manager nicht ins Silicon Valley pilgern, um die Weihen der Digitalisierung und den heiligen Start-up-Spirit zu empfangen. Kaum ein Großunternehmen, dass sich nicht Agilität und Design Thinking auf die Fahnen schreibt. Kaum ein Traditionskonzern, der nicht einen Inkubator für Start-ups gründet oder seine eigene Organisation in ein großes Start-up verwandeln will – Tischkicker, firmeneigenes Fitnessstudio und das spontan verordnete ‚Du' als Anrede inklusive. Die Begeisterung für die schöne neue Start-up-Welt ist ungebrochen.

Schaut man auf der anderen Seite des Zauns aber genauer hin, wächst auch dort Unkraut – auch in der so scheinbar heilen Welt der Start-ups herrscht nicht nur eitel Sonnenschein. Hinter der dynamischen und hippen Fassade vieler Start-ups verstecken sich allzu oft Chaos und unzureichende Strukturen statt Dynamik und Flexibilität. Viele Mitarbeiter dieser kreativen Unternehmen wünschen sich oftmals eine gehörige Portion der Strukturen und geregelten Abläufe, die die Konzerne gerade am liebsten über Bord werfen würden. Bei aller Begeisterung für Facebook, Google, Netflix und Co. wird schnell vergessen, dass jedem dieser so erfolgreichen Unternehmen Hunderte von gescheiterten Start-ups gegenüberstehen. Die Gründe für das Scheitern sind vielfältig: Teilweise erwies sich die Geschäftsidee als unzureichend, teilweise waren die Strukturen zu chaotisch, was es den Unternehmen unmöglich machte, die an sich gute Geschäftsidee in eine tragfähige Organisation zu überführen. Und noch eines darf man nicht vergessen: Viele der Start-ups haben gutgläubige und finanzkräftige Investoren im Hintergrund, die verzögerte Markteintritte oder Produkteinführungen verzeihen und mit großzügigen Finanzspritzen unterstützen. Dadurch lassen sich viele organisatorische Unzulänglichkeiten leicht abfedern. In der „old economy" hat man selten derart geduldige Geldgeber. Die Börse straft Verzögerungen in der Produkteinführung sofort ab und die Bank ist über länger ausbleibende Ein- und Rückzahlungen ebenfalls wenig erfreut.

Grundsätzlich scheint es für Revolutionsdilemmas eine einfache Antwort zu geben. Diese Dilemmas schreien ja geradezu nach einem Kompromiss. Wir verändern uns ein bisschen und wir bleiben auch ein bisschen wie bisher. So einleuchtend diese Lösung grundsätzlich ist, so spannend wird der Versuch, sie umzusetzen. Der Teufel steckt bekanntlich im Detail. Denn wie sieht diese Balance im konkreten Fall aus? Montags, mittwochs und jeden zweiten Freitag verändern wir, die anderen Tage bewahren wir? Soll Porsche bei der Wahl zwischen Verbrennungs- und Elektromotor einen halben Elektromotor, sprich einen Hybridmotor bauen? Was genau verändern wir, was genau bleibt gleich?

Und dies gilt nicht nur für Management-Dilemmas, sondern gleichermaßen für Führungsdilemmas. Schließlich haben Veränderungen, die im Umfeld des Unternehmens entstehen, durch Strategiewechsel oder eine Reorganisation ausgelöst werden, Auswirkungen auf die Mitarbeiter und darauf, wie wir als Vorgesetzte mit ihnen umgehen müssen. Weil sich der Umgang mit Veränderungen also problematisch erweist, hat sich das Change-Management in den letzten Jahren zu einem so zentralen Thema entwickelt. Auf der Ebene der einzelnen Führungskraft konzentriert sich das Revolutionsdilemma auf zwei zentrale Fragen:

1. Wie viel Veränderung will und *muss* ich meinem Mitarbeiter – und auch mir – zumuten?
   Antwort: Meistens eine ganze Menge.

Demgegenüber steht die zweite zentrale Frage:

2. Wie viel Veränderung darf ich zumuten?
   Antwort: Meistens deutlich weniger.

BEISPIEL:

Ein Seminarteilnehmer erzählte mir, dass man in der gesamten Softwareentwicklung seines Unternehmens Scrum als Methode eingeführt hatte. Er selbst hatte sich zum Scrum-Master ausbilden lassen und war vollkommen begeistert von der Methode. Bei denjenigen Teams, bei denen die Einführung von Scrum geklappt hatte, hatte sich die Zusammenarbeit deutlich verbessert und war die Produktivität eindeutig gestiegen. Soweit so gut. Leider hatte die Einführung von Scrum nur bei der Hälfte der Teams geklappt. Die andere Hälfte hatte es mehr oder weniger zerrissen. Die Teammitglieder wären mit der massiven Änderung der Arbeitsform, die die neue Technik mit sich bringt, schlichtweg überfordert gewesen. Die persönlichen Spannungen zwischen den Kollegen waren teilweise so groß geworden, dass an ein geregeltes Miteinander nicht mehr zu denken war.

Das Beispiel soll nicht bedeuten, dass Scrum schlecht wäre. Ganz im Gegenteil, in vielen Bereichen der Organisation kann diese Methode sehr sinnvoll sein. Aber es soll zeigen, dass die Nebenwirkungen einer neuen Methode oder eines neuen Instruments nicht unterschätzt werden sollten. Die Softwareentwicklung dieses Unternehmens war offensichtlich von dem Ausmaß der Veränderung überfordert. So wichtig eine Veränderung auch ist, so groß der Vorteil der Methode auch sein mag: Ist es akzeptabel, dass die Hälfte der Teams bei der neuen Methode auf der Strecke bleibt?

Wie sieht eine Balance zwischen Veränderung und Bewahrung beim Umgang mit Mitarbeitern aus? Eine eindeutige Antwort gibt es natürlich nicht. Je nachdem, welche Leute Sie im Team haben oder welche Art von Veränderung ansteht, wird die Antwort anders ausfallen können und auch müssen. Da sich Kundenwünsche aber immer wieder ändern, ständig neue Wettbewerber mit neuen Angeboten auf den Markt kommen, der Gesetzgeber regelmäßig neue Bestimmungen erlässt usw., ändern sich die Rahmenbedingungen für das Unternehmen permanent. Es sei denn, Sie arbeiten in einer sehr stabilen Branche. Aber wer ist schon als Bestattungsunternehmer oder Kiesgrubenbetreiber unterwegs? Und selbst in diesen Branchen heißt die momentane Ruhe ja noch lange nicht, dass es auch zukünftig so stabil bleiben wird. Um überleben zu können, muss das Unternehmen reagieren, sei es durch optimierte Prozesse die Kosten zu senken, sei es das Innovationstempo zu erhöhen. Der Wettbewerbsdruck wird diese Veränderungen auch in Zukunft erzwingen. Daher werden wir uns ständig die Frage stellen müssen, wie stark wir uns verändern und was wir beibehalten.

REFLEXION:

Welches Revolutionsdilemma ist für Sie momentan besonders drängend?

Die Balance zwischen den Polen der Veränderung und der Bewahrung müssen wir immer wieder neu finden. Heraklit hat also Recht: Alles verändert sich, nur nicht die Notwendigkeit, sich zu verändern. Das Revolutionsdilemma wird uns daher ständig begleiten.

KAPITEL 6
FREIHEIT – DAS DILEMMA VON SELBSTBESTIMMUNG UND FREMDBESTIMMUNG

Dieses Dilemma ist der Klassiker schlechthin. Das Freiheitsdilemma kommt uns meist als erstes in den Sinn, wenn wir an Dilemmas denken. Darum können wir es recht kurz machen.

Wir treffen das Freiheitsdilemma in den unterschiedlichsten Ausprägungen. Mal ist es die Frage, welche Entscheidungen die Geschäftsführung trifft und welche Dinge die Abteilungen selbst entscheiden können. Was entscheidet die Konzernzentrale, was die einzelnen Niederlassungen und Filialen? Welche Entscheidungen dürfen die Tochtergesellschaften treffen? Und innerhalb der Abteilung die Frage, bei welchen Dingen die Vorgesetzten das letzte Wort haben wollen und bei welchen Dingen es uns überlassen bleibt, wie wir sie angehen.

Nur weil jemand in der Konzernzentrale arbeitet, ist er nicht automatisch kreativer oder intelligenter als die Mitarbeiter in den verschiedenen Filialen. Was spräche also dagegen, dass die Mitarbeiter in den einzelnen Restaurants von McDonald's ihrer Kreativität freien Lauf ließen und für ihr Restaurant ein eigenes Logo, ein eigenes Menü entwickeln? Vielleicht trifft das ja viel besser den lokalen Geschmack als die Vorgaben aus den USA? Natürlich würde solch eine Idee für McDonald's überhaupt keinen Sinn machen, denn wie bereits eingangs gesehen, basiert das Geschäftsmodell der Fastfood-Kette auf der Einheitlichkeit des Auftritts und des Menüs: McDonald's – da weiß man, was man isst.

Aber auch in anderen Zusammenhang kann es sehr wohl Sinn machen, Entscheidungen zu zentralisieren.

BEISPIEL:

Für eine europäische Versicherung ist die deutsche Tochtergesellschaft die Cashcow des Unternehmens. Der Marktanteil ist groß, der Markt stabil. Da die deutsche Tochter in diesem Markt gutes Geld verdient, möchte sie das Geld auch gerne wieder im deutschen Markt investieren – und damit ihre eigene Position weiter stärken. Die Konzernzentrale sieht das aber anders, schließlich ist der deutsche Markt gesättigt und die Wachstumschancen sehr überschaubar. Stattdessen möchte die Versicherung das in Deutschland verdiente Geld nutzen, um in Asien zu investieren, denn dort sind die Wachstumschancen deutlich höher. Das führt zu Verärgerung in der deutschen Tochtergesellschaft. Sie dürfen das Geld zwar verdienen, aber nicht ausgeben. Aus Sicht der deutschen Niederlassung ist der Frust nachvollziehbar, aus Konzernsicht ist die Entscheidung aber sinnvoll.

Auch auf der Ebene der Führungsdilemmas ist das Freiheitsdilemma allgegenwärtig. Um das Delegieren kommen Sie als Führungskräfte gar nicht umhin. Dafür sind es zu viele und zu unterschiedliche Aufgaben, die Sie erledigen müssen. Es fehlt nicht nur die Zeit, sondern zunehmend auch das Wissen, um alles selbst machen zu können. Außerdem sollte durch das Delegieren die Motivation der Mitarbeiter erhöht werden, indem sie – in gewissen Grenzen – selbst entscheiden können, wie sie die übertragenen Aufgaben erledigen. Jedoch wäre es gefährlich, mit der Delegation gleichzeitig die Kontrolle über die Aufgaben aufzugeben. Schließlich müssen Sie als Vorgesetzte den Kopf hinhalten, wenn etwas nicht klappt.

BEISPIEL:

So verlor der Geschäftsführer eines Logistikunternehmens seinen Job, weil die Software für die Steuerung des Hochregallagers nicht funktionierte. Der Geschäftsführer hatte diese Software zwar nicht selbst programmiert, sondern seiner IT-Abteilung und deren Aussagen vertraut. Dummerweise funktionierte die Software aber nicht. 50.000 Kisten mit Deko-Artikeln waren irgendwo im Hochregallager eingelagert. *Dass* die Kisten im Lager waren, wusste die Firma definitiv. Leider wussten sie nicht, *wo* die hübschen Vasen und der reizende Wandschmuck *genau* waren. Deshalb konnten die Sachen nicht an die Filialen des Kunden ausgeliefert werden. Weil sich der Geschäftsführer auf seine IT-Abteilung verlassen hatte, musste er das Unternehmen verlassen. Hätte er seine Mitarbeiter besser kontrolliert, wäre ihm der Rauswurf möglicherweise erspart geblieben.

Drei wichtige Gründe sprechen dafür, in einem Unternehmen Entscheidungen zu zentralisieren.

1. In vielen Fällen ist es für ein Unternehmen wichtig, Dinge einheitlich zu machen, um die **Erwartungshaltung** der Kunden zu erfüllen. Nicht nur bei McDonald's erwarten wir, dass das Essen immer wieder gleich schmeckt und nach den gleichen Standards produziert wird. Wenn wir in einer Hotelkette abends einchecken, wollen wir sicher sein, dass das Zimmer nach denselben Standards eingerichtet ist, wie auch die Zimmer in den anderen Hotels der Kette. Wenn wir einen Flug bei der Lufthansa buchen, erwarten wir ein bestimmtes Servicelevel. Die Airline kann es sich nicht leisten, auf dem Hinflug den üblichen Premiumservice zu bieten, auf dem Rückflug aber einen Nicht-Service wie etwa bei Ryanair. Nicht umsonst erwies sich Code-Sharing für Fluggesellschaften als tückisch.
2. Der zweite Grund ist der **Gesamtüberblick**, den zentrale Entscheidungen ermöglichen. Aus Sicht der deutschen Tochter präsentiert sich die Versicherungswelt natürlich ganz anders als aus Sicht der Konzernmutter. So sehr es aus deutscher Perspektive Sinn macht, weiter in den hiesigen Markt zu investieren, so unsinnig ist das aus Sicht des Gesamtunternehmens. Schließlich ist das Management den Aktionären des gesamten Unternehmens verpflichtet, nicht den Vorlieben der Manager in der deutschen Tochtergesellschaft.
3. Damit wären wir auch schon beim dritten Punkt, nämlich der **Gesamtverantwortung**, die das Management trägt, sei es als Vorstand oder Geschäftsführung eines Unternehmens, sei es als Team- oder Abteilungsleiter. Weil wir dafür verantwortlich sind, dass die Firma oder das Team laufen, sollten wir das letzte Wort haben – oder wenigstens haben können.

So wichtig und notwendig Zentralisierung auch ist, so unsinnig ist es, alles zu zentralisieren. Je stärker wir Entscheidungen zentralisieren, desto weniger können wir uns auf die unterschiedlichen Kundenwünsche in den einzelnen Regionen und Ländern einstellen. Je weniger wir die dezentralen Einheiten bei Entscheidungen berücksichtigen, desto weniger können wir auf das verteilte Wissen im Unternehmen zurückgreifen. Die Entscheider in der Zentrale können gar nicht all die unterschiedlichen Anforderungen, Sachzwänge und Eigenheiten kennen, mit denen sich die Niederlassungen und Tochtergesellschaften herumschlagen müssen. Sowohl die Zentrale als auch die Tochtergesellschaften haben ihre eigene – oft beschränkte – Sichtweise auf die Lage der Dinge. Nicht umsonst gehören Reibereien zwischen Unternehmenszentralen und den Tochtergesellschaften zum Alltag der meisten Konzerne.

BEISPIEL:

Wie unterschiedlich die Sichtweisen von Konzernzentrale und Tochtergesellschaften sind, konnte ich am eigenen Leib erleben, als ich nach einigen Jahren in der Konzernzentrale in eine Tochtergesellschaft mit 250 Mitarbeitern wechselte. Geografisch war es ein kleiner Schritt, nämlich keine 5 km Luftlinie entfernt, auf die andere Seite des Rheins. Mental war es dagegen ein gigantischer Schritt. Es war geradezu erschreckend, wie genervt ich schon nach wenigen Wochen von den „widersinnigen" Anweisungen aus der Zentrale war. Dabei hatte ich mich noch bis vor kurzem in meiner Stabsfunktion in der Zentrale über die uneinsichtigen und widerspenstigen Mitarbeiter in den Tochtergesellschaften aufgeregt.

Kommen wir noch einmal auf das Beispiel McDonald's zurück. Pommes und Cola sind wahrscheinlich unproblematische, weltweite „all time favourites", doch der Big Mac® aus Rindfleisch in Indien oder der McRib® aus Schweinefleisch in muslimischen Ländern werden jeweils nicht zum Verkaufsschlager avancieren. Also wird auch McDonald's den lokalen Tochtergesellschaften gewisse Freiheiten bei der Zusammenstellung ihrer Menüs gewähren müssen. Doch nicht nur religiöse Faktoren erfordern dezentrale Entscheidungen, sondern auch kulturelle Eigenarten müssen berücksichtigt werden. So wird man beim Aufbau von Kundenbeziehungen im arabischen Raum anders vorgehen müssen als in Skandinavien. Daher brauchen auch hier die Tochtergesellschaften Entscheidungsfreiheit, wie sie ihre Vertriebsziele erreichen.

Nicht nur auf der Ebene der Management-Dilemmas treffen wir immer wieder auf das Freiheitsdilemma. Genauso können Sie bei der Führung von Mitarbeitern realistisch betrachtet nicht alles selbst entscheiden. Besonders, wenn Mitarbeiter über Spezialwissen verfügen und sich in bestimmte Projekte tief eingearbeitet haben, müssen Sie sich in einem gewissen Grad auf sie verlassen können. Natürlich dürfen Sie ihnen nicht blind vertrauen, aber ohne ein gesundes Maß an Vertrauen können Sie keine Aufgaben delegieren. Damit tun sich viele Leute schwer. Entsprechend verwundert es nicht, dass für viele Unternehmen Fachkenntnis die wichtigste Voraussetzung für die Beförderung zum Vorgesetzten ist. Wenn man inhaltlich tief drinsteckt, braucht man seinen Mitarbeitern nicht so sehr zu vertrauen.

Gerade in Deutschland wird die Bedeutung der Fachkompetenz beim Vorgesetzten sehr hoch gehängt. Idealerweise könnte der Chef noch all das selbst – und auch besser – als seine Mitarbeiter. Natürlich ist Fachwissen sehr wichtig, ohne geht es nicht. Doch kann Fachwissen nicht die alleinige Voraussetzung für das Führen von Mitarbeitern sein. Sonst landen wir bei denjenigen Chefs, die als Sachbearbeiter de luxe am liebsten selbst noch entwickeln und tüfteln wollen, statt die Entwickler und Tüftler anzuleiten – was beide Seiten unglücklich macht: die Chefs, weil sie eigentlich inhaltlich arbeiten wollen, die Mitarbeiter, weil sie unzureichend geführt werden. Und je komplexer die Inhalte, desto unrealistischer ist die Erwartung, dass der Chef alles besser können und wissen kann. Bei einem kleinen Handwerksbetrieb mag das noch funktionieren, doch bei einer IT-Beratung mit über 100 Mitarbeitern ist diese Vorstellung utopisch.

Es fehlt nicht nur schlichtweg die Zeit, jede einzelne Entscheidung zu kontrollieren und zu hinterfragen, sondern aus zwei weiteren Gründen ist eine totale Kontrolle durch den Vorgesetzten unsinnig: Erstens können Sie sich dann die Mitarbeiter sparen, wenn Sie doch alles selbst machen. Zweitens frustrieren Sie die Mitarbeiter und die werden schnell das Handtuch werfen.

BEISPIEL:

Ich hatte mich einmal gewundert, dass in einem Unternehmen bei uns in der Nähe ständig die Position der Marketing- und Produktionsleitung neu zu besetzen waren. Das war auf den ersten Blick vollkommen unverständlich. Das regionale Traditionsunternehmen – in vierter Generation familiengeführt – wuchs kräftig, beschäftigte mittlerweile über 1.500 Mitarbeiter und hatte gerade für mehrere Millionen Euro eine neue Produktionsstätte auf der grünen Wiese errichtet.

Auf den zweiten Blick war dieser Verschleiß an Abteilungsleitern sehr gut nachvollziehbar: Schuld an der Misere war der Chef, der nicht loslassen konnte. Rational gesehen hatte er zwar verstanden, dass er bei 1.500 Mitarbeitern nicht alles selbst entscheiden konnte, aber emotional konnte er nicht loslassen. Obwohl er bereits vor geraumer Zeit die Managementebene in Form mehrerer Abteilungsleiter eingeführt hatte, behielt er sich dennoch vor, bei allen Entscheidungen das letzte Wort zu haben. Das hatte er dann auch. Es war geradezu amüsant zu sehen, wie die Mitarbeiter ihn schon am Parkplatz auflauerten, ihm auf dem Weg in sein Büro hinterherliefen, um ihm im Vorbeigehen die eine oder andere Detailentscheidung abzuringen. Seine Abteilungsleiter fanden das aber alles andere als witzig. Erst wurden Entscheidungen endlos verzögert, dann vom Chef selbst getroffen. Ein Abteilungsleiter nach dem anderen hatte die Nase voll, zwar einen Titel auf dem Papier, aber in der Realität keine Entscheidungsbefugnis zu haben. So setzte sich der Exodus der machtlosen Führungskräfte fort.

Egal, ob auf der Ebene der Management-Dilemmas oder der Ebene der Führungsdilemmas – das Freiheitsdilemma ist ein ständiger Begleiter im Unternehmensalltag. Woher kommt diese Allgegenwärtigkeit? Ein Blick auf das Bild mit den Ursachen der Dilemmas in Kapitel 3 lässt uns zwei Hauptschuldige identifizieren: die Arbeitsteilung und die Interessengegensätze der verschiedenen Player. Fangen wir mit der Arbeitsteilung an.

Das Freiheitsdilemma speist sich aus dem Gegensatz, zentral entscheiden und gleichzeitig extrem viele dezentral vorhandene Informationen berücksichtigen zu müssen. Je stärker die Arbeitsteilung im Unternehmen, desto schwieriger wird es, die relevanten Informationen zu finden. Mit wachsender Arbeitsteilung und Größe der Organisation wächst auch die zu berücksichtigende Menge der Informationen.

Ein Teil des Problems lässt sich natürlich mit Technik lösen. Der Erfolg von SAP etwa beruht in großen Teilen auf der Fähigkeit, große Mengen an Unternehmensdaten strukturiert zu erfassen. So liegen sie unternehmensweit vor und können zentral ausgewertet werden. Technik hilft, aber sie hilft nur begrenzt, denn ein großer Teil der relevanten Informationen liegt unstrukturiert vor und sogar noch schlimmer: viele der wirklich entscheidenden Informationen sind in den Köpfen einzelner Mitarbeiter im Unternehmen verteilt, das heißt liegen nur als implizites Wissen vor. Wie soll man zentrale Entscheidungen treffen, ohne die notwendigen Informationen zu besitzen, man noch nicht einmal weiß, welche Informationen für die Entscheidung überhaupt wichtig sind?

Da aber Handlungsdruck besteht, hält dies viele Konzernzentralen nicht davon ab, dennoch zu entscheiden. Daher lässt es sich gar nicht vermeiden, dass viele Informationen nicht berücksichtigt werden. Die Lösungen, die aus der Zentrale kommen, erweisen sich aus Sicht der Tochtergesellschaften und Filialen oft als wenig praktikabel. Das Problem wird auch noch durch die zahlreichen Mitarbeiter in Firmenzentralen verschärft, die glauben, dass der Umstand, dass sie in der Zentrale arbeiten, sie mit besonderer Weisheit und Weitsicht ausstattet. Und an dieser Weisheit wollen solche sendungsbewussten Mitarbeiter dann auch gerne alle Tochtergesellschaften teilhaben lassen. „Nette Kosenamen“ wie „bullshit-castle“ für die Zentrale lassen dann erahnen, wie hilfreich die dezentralen Einheiten die aus der Zentrale kommenden Vorschläge und Ideen halten.

Neben der Arbeitsteilung sind die Interessengegensätze der beteiligten Personen der zweite Haupttreiber des Freiheitsdilemmas. Mit der steigenden Arbeitsteilung wächst nicht nur die Informationsmenge, sondern auch die Zahl der von den Entscheidungen betroffenen Personen. Und wir hatten schon gesehen, dass die Beteiligten sehr unterschiedliche Interessen haben und sehr unterschiedliche Ziele verfolgen. Je nachdem, wo im Unternehmen entschieden wird, schwankt der Einfluss der

Player, ändern sich ihre Möglichkeiten, die eigenen Interessen durchzusetzen. Das Beispiel der Versicherung macht das deutlich. Eine dezentrale Entscheidung stärkt die Macht der lokalen Manager, bietet ihnen größere Freiräume, ihre eigenen Ziele zu verfolgen. Doch die Ziele der Manager in Deutschland sind in aller Regel nicht deckungsgleich mit den Zielen der Entscheider in der Konzernzentrale und schon gar nicht mit den Interessen der Eigentümer.

Auf der Ebene der Führungsdilemmas werden die Interessengegensätze an der Frage deutlich, warum Mitarbeiter in genau diesem Unternehmen arbeiten oder genau diesen Beruf ausüben, aber auch, warum Sie überhaupt diesen Job hier machen. In den meisten Fällen ist dies natürlich ein ganz wichtiger Faktor, aber bei weitem nicht der einzige. Für die meisten von uns geht es im Unternehmen nicht mehr um das nackte Überleben, also darum, einen minimalen Lebensstandard zu sichern. Das Dach über dem Kopf ist dicht, der Kühlschrank ist gefüllt, genauso wie der Tank des Autos.

Bei den meisten geht es um mehr. Es geht auch darum, zu einem gewissen Grad sein Ding machen zu können, sich selbst verwirklichen zu können. Für einige sind das die spannenden Aufgaben und interessante Karrierechancen, für andere geregelte Arbeitszeiten und ein nettes Betriebsklima. Sprich all die Dinge, mit denen Unternehmen in ihren Stellenanzeigen werben. Dinge, die neben einer überdurchschnittlichen Bezahlung die Leute ins Boot holen sollen. Die wenigsten Unternehmen sind aber in der glücklichen Lage, allen Mitarbeitern den entsprechenden Spielraum gewähren zu können, man sich selbst verwirklichen kann – nicht einmal in Ansätzen. Denn je mehr wir die Entscheidungen auf die Mitarbeiter verlagern, desto größer werden die Zentrifugalkräfte im Unternehmen. Wenn jeder sein Ding machen kann, wird es zunehmend schwieriger, zusammen das eine Ding zu machen, wofür der Kunde letztendlich bezahlt.

Aus Sicht des Unternehmens wäre es am einfachsten, könnten die Mitarbeiter einfach als Mittel zum Zweck dienen. Genau diese Eigenschaft macht Maschinen und Roboter aus Sicht des Managements so sympathisch. Die verrichten selbstlos ihre Arbeit, man muss nicht ihre Launen und Vorlieben berücksichtigen, sich nicht überlegen, welche Aufgaben der eine Roboter wohl mehr mag, welche Werkstücke er nicht so gern schweißt usw. Doch solange wir Mitarbeiter im Unternehmen beschäftigen, müssen wir – wenigstens teilweise – auf deren Interessen Rücksicht nehmen. Wenn nicht, leisten die Mitarbeiter Dienst nach Vorschrift, reduzieren ihr Engagement auf das absolute Minimum oder schlimmer noch, sie kündigen. Zugegeben, über die Kündigung mancher Mitarbeiter würde man sich freuen, doch leider erweisen sich gerade diese Kandidaten als sehr anhänglich.

Je größer die Arbeitsteilung, je größer die Interessengegensätze der beteiligten Personen, desto stärker wird das Freiheitsdilemma sichtbar. Lässt sich das Dilemma dadurch lösen, indem wir Macht einsetzen? Bei all den Interessensgegensätzen, mit denen wir es zu tun haben, könnte man das vermuten. Die Option, das Freiheitsdilemma durch Macht zu lösen, scheint sehr verlockend. Dummerweise hilft Macht nicht wirklich beim Umgang mit Dilemmas. Selbst wenn die Macht mit uns, sprich im Unternehmen so gelagert wäre, dass alle Entscheidungen im Unternehmen widerspruchslos durch die Zentrale getroffen werden könnten, löst sich das Dilemma nicht einfach auf. Schließlich war die Ursache des Dilemmas das fehlende Wissen über die einzelnen Bereiche, nicht die fehlende Macht, eine Entscheidung durchzudrücken. Gleiches gilt für Führungsdilemmas. Von daher wird das Freiheitsdilemma auch in Zukunft ein Klassiker unter den Dilemmas zu bleiben.

REFLEXION:

Mit welcher Form des Freiheitsdilemmas müssen Sie sich momentan besonders herumschlagen?

KAPITEL 7
GLEICHHEIT – DAS DILEMMA VON STANDARDISIERUNG UND INDIVIDUALISIERUNG

Das Gleichheitsdilemma entsteht durch die Notwendigkeit, sowohl Dinge gleich behandeln zu wollen, als auch auf Sonderfälle eingehen zu müssen. Es ist eng mit dem Freiheitsdilemma verwandt. Einige Leute würden beide in einen Topf werfen, doch das Gleichheitsdilemma verdient es, als eigenständiges Phänomen betrachtet zu werden, da es sich in seinen Ursachen sowie in seiner Art und Ausprägungen unterscheidet.

Am Beispiel von SAP haben wir gesehen, dass eine derartige Software hilfreich ist, um weit im Unternehmen verstreute Informationen zentral verfügbar zu machen. Damit das überhaupt funktioniert, müssen die Daten einheitlich strukturiert sein. Wenn jede Einheit oder Abteilung ihre Bestände, Kennzahlen, Kunden oder sonstigen Daten anders erfasst, hilft uns das bei einer zentralen Steuerung herzlich wenig. Es bedarf fest definierter Standards, um Daten überhaupt verwertbar zu machen. Aus einem weiteren Grund sollten wir die Daten möglichst einheitlich erfassen. Es kostet zu viel Geld, dutzende Male eine Kennzahl im Unternehmen zu definieren, es ist schlichtweg zu teuer, wenn sich in jeder Tochtergesellschaft Mitarbeiter Gedanken über Kontenrahmen, die Segmentierung der Kunden oder allein schon über den Aufbau der Vertriebsprozesse machen muss. Das Rad im Unternehmen regelmäßig neu zu erfinden verschlingt zu viele Ressourcen. So ist es sehr plausibel, wenn ein Konzern zum Beispiel SAP in allen Tochtergesellschaften einführt. Dann haben alle die gleichen Systeme und Kennzahlen, der Konzern kann einheitlich steuern. Soweit die Theorie. Doch der Teufel steckt wie immer im Detail. Bei Tochtergesellschaften mit hunderten oder gar tausenden Mitarbeitern ist die SAP-Einführung auch sinnvoll. Aber auch noch bei einer Tochter mit nur zehn Mitarbeitern? In diesem Fall wäre die Hälfte der Belegschaft nur noch mit der Implementierung und der Administration des Systems beschäftigt. Um sich um die Kunden zu kümmern, bleibt dann herzlich wenig Zeit. Ist ein einheitliches Reporting wirklich so wichtig, um der kleinen Tochtergesellschaft solch einen Overhead überzustülpen?

Alles zu standardisieren geht leider nicht. Die Rahmenbedingungen in den verschiedensten Einheiten eines Unternehmens sind oft zu unterschiedlich. Die Dinge laufen in einer Vertriebsniederlassung mit acht Mitarbeitern in Bangkok anders ab als am Stammwerk im Münsterland mit 2.000 Mitarbeitern. Natürlich gibt es eine Reihe von Ähnlichkeiten, aber umso mehr Unterschiede, dass es nicht mehr sinnvoll ist, alles über einen Kamm zu scheren. Die Größe der Einheit kann ein Grund sein, Dinge unterschiedlich behandeln zu müssen. Ein anderer Grund ist die Wichtigkeit, die einzelne Mitarbeiter haben, die zum Unternehmenserfolg direkt beitragen.

BEISPIEL:

In einer Wirtschaftskanzlei ist der Beitrag der Rechtsanwälte und Steuerberater für den Erfolg der Kanzlei nun einmal viel größer als derjenigen Mitarbeiter, die im Back-Office die Prozesse unterstützen. Es sind die Anwälte und Berater, die die Kunden akquirieren, die Umsätze generieren und damit das Geld ins Unternehmen bringen.

Natürlich geht es auch nicht ohne die Leute in den unterstützenden Funktionen. Doch sie sind – objektiv betrachtet – nicht so wichtig wie die Anwälte und Berater, da sie nicht unmittelbar zum finanziellen Erfolg des Unternehmens beitragen. Auch wenn das nicht gerne gehört wird, insbesondere von den Betroffenen, ändert das nichts an den Fakten.

Genauso sieht es bei einem Paketdienstleister aus. Für die Fahrer der Spedition sind die Prozesse derart stark standardisiert, dass es dem einzelnen Fahrer de facto unmöglich macht, durch eine überragende Leistung das Unternehmen deutlich voranzubringen. Ganz im Gegenteil: Ein Hauptgrund für die starren prozessgesteuerten Abläufe ist gerade der, zu verhindern, dass der Fahrer einen merklichen Einfluss haben kann, da dadurch mehr Fehler passieren könnten. Das System ist darauf angelegt, „menschliche" Fehler weitgehend auszuschließen, indem es die Handlungsfreiheit des Fahrers deutlich einschränkt. Die Kehrseite dieser Standardisierung ist, dass sich den Fahrern durch diese starren Prozesse keine Möglichkeit mehr bietet, etwas Überragendes zu leisten. Die Absicherung der Leistung nach unten deckelt sie gleichzeitig nach oben. Auch ein brillanter Paketzusteller kann letztendlich keine herausragende Leistung erbringen, da dem System der Durchschnitt vollkommen ausreicht.

Anders sieht es bei den Systementwicklern aus, die die dazu notwendigen Prozesse in Software umsetzen. Hier kann ein einzelner Mitarbeiter durch brillante Ideen die Software deutlich verbessern und damit die Wettbewerbsfähigkeit des Unternehmens steigern. Die Schwankungsbreite des Einflusses der Mitarbeiter ist viel größer. Dadurch wird es auch umso wichtiger, hier wirklich gute Leute an Bord zu haben. Die Austauschbarkeit, die bei den Fahrern durch die Standardisierung gewünscht und erreicht wurde, greift hier nicht. Bei den Paketzustellern reicht es letztendlich, eine bestimmte Zahl von Mitarbeitern zu finden, die den Mindestanforderungen entsprechen. Bei den Entwicklern dagegen geht es weniger um die Zahl, als um die Qualität, denn eine Handvoll wirklich guter Leute kann mehr bewirken als zwei Dutzend mittelmäßige Programmierer. Bill Gates soll sogar behauptet haben, dass ein überragender Software-Entwickler so viel wert wäre wie 10.000 normale Entwickler. Hier geht es wirklich um den berüchtigten „War for Talents". Dementsprechend hoch muss auch der Aufwand sein, diese Entwickler ins Unternehmen zu bekommen und dort zu halten. Weil diese Leute so wichtig für den Unternehmenserfolg sind, werden sie hofiert.

Aber selbst wenn die Leistung der Entwickler ähnlich ist, ist man manchmal gezwungen, die Leute unterschiedlich zu behandeln. Wie bei der Entwicklungsabteilung des Maschinenbauunternehmens aus dem Eingangskapitel.

BEISPIEL:

Der Bewerber, den der Entwicklungsleiter einstellen möchte, ist gut. Aber vom ersten Eindruck her nicht deutlich besser als die jetzigen Mitarbeiter. Doch sind mittlerweile die Preise am Markt für Entwickler gestiegen. Wenn der Entwicklungsleiter den dringend benötigten neuen Mann einstellen will, muss er tiefer in die Tasche greifen als er es bisher bei seinen Mitarbeitern tut. Zudem bringt der Leidensdruck des Unternehmens den Bewerber in eine starke Verhandlungsposition.

Ein Schlüsseldienst kann ja auch viel höhere Stundenlöhne durchsetzen als ein Elektriker. Wer draußen im Regen vor der Tür steht, dem ist es mehr oder weniger egal, was man zahlt. Hauptsache, man kommt wieder in seine trockene Wohnung.

Situation und Rahmenbedingungen sind oft unterschiedlich, die Kunden haben verschiedene Anforderungen, in verschiedenen Märkten wird nach unterschiedlichen Regeln gespielt. Der Markt für Zeitschriften tickt anders als der für Kampfhubschrauber. Wenn man sich für das Herausgeben einer Frauenzeitschrift genauso viel Zeit lassen würde wie für die Entwicklung eines neuen Hubschraubers, bräuchte man mit dem Schreiben der Artikel erst gar nicht anfangen. Über den Kauf eines Schokoladenriegels wird nicht viel nachgedacht, der wird noch spontan an der Kasse zum Rest des Einkaufs gelegt, weil einem gerade danach ist. Darüber, welches Auto wir uns als nächstes zulegen, wird viel intensiver nachgedacht. Zwar verbringt nicht jeder Abende vor dem Internet-Konfigurator, sucht stundenlang in diversen Foren nach Bewertungen der verschiedenen Motoren oder verbringt schlaflose Nächte wegen der Farbe der Sitznähte. Aber spontan ist der Autokauf in den seltensten Fällen. Wenn der Pächter eines Biergartens kurz vor einem warmen Sommerwochenende noch schnell ein paar Aushilfen sucht, wird er anders vorgehen, als ein Konzern bei der Auswahl der potenziellen Teilnehmer für sein Trainee-Programm. Die Erwartungen an das Können der Aushilfen sind viel niedriger, dementsprechend auch der Aufwand, der für die Stellenbesetzung betrieben wird.

Alles gute Gründe, warum wir im Unternehmen Personen und Situationen unterschiedlich behandeln müssen. Gleichzeitig gibt es sehr wichtige Argumente, die für eine Standardisierung der Prozesse und eine starke Gleichbehandlung der Personen sprechen.

1. Fairness

Gerade beim Umgang mit Mitarbeitern und Kunden ist Fairness von zentraler Bedeutung. Je transparenter die Regeln, je konsequenter deren Anwendung, desto weniger müssen wir uns den Vorwurf gefallen lassen, dass wir unfair wären. Das Gefühl, unfair behandelt zu werden, schlägt sich stark auf die Motivation nieder, nicht nur bei sich selbst, sondern auch bei den eigenen Mitarbeitern.

2. Zeit

Wir sparen uns Zeit bei der Entscheidungsfindung, denn wir brauchen Entscheidungen nur einmal zu treffen, Prozesse nur einmal zu entwickeln, müssen das Rad nicht immer wieder neu erfinden. Eng damit verknüpft ist der dritte und wichtigste Punkt.

3. Kosten

Je stärker wir Dinge standardisieren, desto seltener wird dieselbe Arbeit doppelt oder gar dutzendfach im Unternehmen gemacht. Wir stehen im Wettbewerb, daher sind Ressourcen knapp und wir müssen sie möglichst effektiv einsetzen. Die viel gerühmten Synergien zu heben, ist letztendlich nichts anderes als durch die Vereinheitlichung von Abläufen Kosten zu sparen.

Somit gibt es viele gute Gründe, die Dinge in der Organisation zu standardisieren. Doch gleichzeitig finden wir genauso gute Gründe dafür, individuelle Lösungen einzusetzen und vom Standard abzuweichen. In einigen Bereichen des Unternehmens wollen wir ganz stark den Schwerpunkt auf der Standardisierung ansteuern, in anderen Bereichen ist uns die Individualisierung wichtiger. Bei der Produktion von Motorteilen sind Managementinstrumente wie Six Sigma oder TQM dazu da, um eine möglichst perfekte Standardisierung zu erreichen. Hier muss alles gleich sein, es darf keine Ausnahmen geben. Ganz anders sieht es in der Forschungs- und Entwicklungsabteilung des Unternehmens aus. Hier geht es darum, möglichst stark zu variieren. Ziel ist es ja gerade, etwas Neues zu finden, etwas, was von den bisherigen Lösungen abweicht.

Während Abwechslung in der Produktion vermieden wird, wird die Abwechslung in der Forschung gezielt gesucht. Als Produktionsleiter würden Sie sich für höhere Weihen empfehlen, wenn aus Ihrem Bereich ausschließlich standardisierte Produkte kommen würden. Als Leiter einer Entwicklungsabteilung müssten Sie sich dagegen sehr schnell einen neuen Job suchen, wenn das, was aus Ihrem Bereich kommt, nur identische Kopien von bereits vorhandenen Produkten wären. Aber die Situationen in der Produktion und der Entwicklungsabteilung sind die Ausnahmen. Für den größten Teil des Managementalltags können wir uns nicht so eindeutig zwischen den beiden Gegenpolen entscheiden. Wir müssen beide Pole berücksichtigen. Wie sieht das konkret bei Ihnen im Unternehmen aus? Wo ist bei Ihnen die Spannung zwischen Standardisierung und Individualisierung am höchsten?

Wie kommt es zum Gleichheitsdilemma? Wenn wir uns an die Grafik in Kapitel 3 erinnern, können wir als Hauptschuldigen die knappen Ressourcen ausmachen. Hier liegt der Unterschied zum Freiheitsdilemma. Beim Freiheitsdilemma führt die Arbeitsteilung mit den damit verbundenen Interessensgegensätzen zur Entstehung dieses Dilemmas. Wenn wir ausreichend Ressourcen hätten, genug Geld, Zeit und Gehirnschmalz, könnten wir es uns leisten, für jeden Fall eine individuelle Lösung zu finden und auf die unterschiedlichen Interessen und Bedürfnisse der Mitarbeiter und Kunden eingehen. Das Dilemma würde nicht existieren. Aber weil wir auf die

Kosten schauen müssen, Zeit und Mitarbeiter knapp sind, müssen wir überlegen, wo wir Doppelarbeit vermeiden und damit Kosten einsparen können. Allen den gleichen Eintopf zu servieren wäre einfacher und billiger, als jedem seine Extrawurst zu braten.

Am billigsten und einfachsten wäre es, wenn wir alle Kunden mit gleichen Produkten bedienen könnten. Henry Ford konnte es sich lange leisten, bei seinem Modell T die Auswahl der Farben auf Schwarz als eine einzige wählbare Farbe zu begrenzen. Doch dieser „Luxus" funktioniert schon lange nicht mehr. Die Kunden wollen nicht nur bei den Farben, sondern auch bei den Modellen und der Ausstattung eine möglichst große Vielfalt. Also muss ein Automobilhersteller möglichst viele Modelle anbieten, die aber am Ende nicht viel kosten dürfen. So entstehen Baukastensysteme, bei denen der Konzern die verschiedenen Motoren und Plattformen zu immer neuen Modellen kombiniert. Kaum ein Anbieter beherrscht das Spiel mit dem Baukasten so gut wie VW, der mit den identischen Teilen die verschiedenen Marken des Konzerns bedient. So kann das Unternehmen in einem Maß Synergien erzielen, das für BMW oder Mercedes unerreichbar ist. Gleichzeitig entsteht aber die Gefahr der Kannibalisierung. Warum sollte ein Käufer für einen Audi A3 mehr als für einen technisch fast baugleichen VW Golf bezahlen, warum für einen VW Polo mehr als für einen Škoda Fabia?

Beim Gleichheitsdilemma kommt als Führungsdilemma noch etwas hinzu. Mitarbeiter sind gleichzeitig gleich und ungleich. Sie sind gleich, weil es alles Menschen sind, die in ihrer Individualität respektiert und Wertschätzung erfahren wollen – genauso wie wir selbst auch. Sie wollen menschlich und fair behandelt werden. Gleichzeitig sind die Mitarbeiter sehr unterschiedlich. Entweder, weil sie eine unterschiedliche Rolle für den Erfolg des Unternehmens spielen, unterschiedlich viel leisten, über unterschiedlich viel Wissen verfügen oder unterschiedlich viel Engagement an den Tag legen. All diese Unterschiede haben zur Konsequenz, dass wir die Mitarbeiter auch unterschiedlich behandeln und führen müssen. Solange Ihr Team nicht aus Klonen besteht, werden Sie sich daher ständig mit dem Gleichheitsdilemma herumschlagen müssen.

Knappe Ressourcen und Mitarbeiter gehören zur Realität des Unternehmens dazu. Kaum ein Unternehmen hat mehr als genug Ressourcen. Kein Unternehmen kommt ohne Mitarbeiter aus (von einigen Briefkastenfirmen mal abgesehen). Und je angespannter die Kostensituation im Unternehmen, je unterschiedlicher die Mitarbeiter, desto drängender wird das Gleichheitsdilemma werden. Immer seltener werden wir es uns leisten *können*, auf die individuellen Anforderungen einzelner Mitarbeiter oder Kunden einzugehen. Je wichtiger aber einzelne Mitarbeiter für den Erfolg des Unternehmens werden, desto mehr *müssen* wir auf deren Bedürfnisse eingehen. So wird auch das Gleichheitsdilemma zum Bestandteil des Unternehmensalltags gehören und Sie während Ihrer gesamten beruflichen Laufbahn in der Organisation begleiten. Das Dilemma mag zwar immer wieder in anderer Form auftreten oder in anderer Gestalt daherkommen, doch das Grundproblem wird bestehen bleiben. Daher ist auch das Gleichheitsdilemma kein Zeichen schlechten Managements, sondern eine Folge davon, dass Sie Führungskraft in einem Unternehmen sind.

REFLEXION:

In welcher Form macht sich das Freiheitsdilemma bei Ihnen gerade besonders bemerkbar?

KAPITEL 8
BRÜDERLICHKEIT – DAS DILEMMA VON KOOPERATION UND KONKURRENZ

Kommen wir zum letzten der vier großen Dilemmas, dem Dilemma der Brüderlichkeit. Brüderlichkeit – das klingt auf Anhieb sympathisch. Da denkt man sofort daran, selbstlos zu teilen, sich gegenseitig zu helfen und gleichberechtigt miteinander zusammenzuarbeiten. Bei dieser Vorstellung wird einem ganz warm ums Herz. Es war wohl diese Vorstellung, die sich die französischen Revolutionäre auf die Fahnen geschrieben hatten, als sie die Brüderlichkeit zu einer der zentralen Forderungen ihrer Revolution gemacht hatten. Interessanterweise deckt sich diese Vorstellung von Brüderlichkeit weitestgehend mit dem Bild, was wir in der Bibel im Neuen Testament von Brüderlichkeit haben. Schauen wir aber ins Alte Testament, sieht brüderliches Verhalten plötzlich ganz anders aus: Kain erschlägt Abel aus Neid, Jakob betrügt Esau um sein rechtmäßiges Erbe. Josef wird von seinen Brüdern aus Eifersucht in die Sklaverei verkauft. – Nicht gerade herzerwärmende Geschwisterliebe. Stattdessen geht es um knallharte Interessensgegensätze und Konkurrenzkampf. Das Brüderlichkeitsdilemma beschreibt genau dieses Spannungsverhältnis zwischen Kooperation und Konkurrenz. Wir treffen es nicht nur in den biblischen Geschichten, sondern auch im Alltag jeder Organisation.

Wir hatten ja schon gesehen, dass Konkurrenz überall ist. Sie ist ein zentraler Bestandteil, eigentlich *der* zentrale Faktor der Marktwirtschaft. BMW und Toyota sind Wettbewerber, harte Wettbewerber. Vielleicht nicht gerade in Deutschland, da hat BMW die Nase deutlich vor dem Lexus, der Premium-Marke von Toyota. Aber in anderen Märkten wie in den USA oder in China sieht die Sache ganz anders aus. Dort liefern sich die Konzerne einen harten Kampf um die Marktanteile und schenken sich nichts. Doch nicht nur im Automobilgeschäft boomt die Konkurrenz, auch beim Essen gehört das Buhlen um Kunden zum täglich Brot.

BEISPIELE:

Einer meiner Studenten jobbte in der Filiale einer mexikanischen Restaurantkette. Der Filialleiter spornte die einzelnen Teams in den jeweiligen Schichten zu einem internen Wettkampf an, welches Team am Abend die höchsten Umsätze machen würde. Konkurrenz belebt schließlich das Geschäft. Der Filialleiter konnte sich darüber freuen, denn der Wettbewerb zeigte den gewünschten Erfolg: die Umsätze der Filiale stiegen, und sein Bonus war gesichert.

Dass Konkurrenz das Geschäft belebt, dachte sich auch die Leiterin einer Marketingabteilung, die im folgenden Jahr in Rente gehen würde. In ihrer Abteilung hatte sie vier Mitarbeiterinnen, die alle das Potenzial hatten, ihre Nachfolgerin zu werden. Da sie sich mit sehr guten Leistungen in ihren Ruhestand verabschieden wollte, machte sie allen vier Kolleginnen Hoffnung darauf, sie als Abteilungsleiterin zu beerben – vorausgesetzt natürlich, dass sie sich mächtig ins Zeug legten und sich im folgenden Jahr selbst übertreffen würden. Selbstredend wusste keine der Kandidatinnen davon, dass ihnen gleichermaßen Hoffnung gemacht wurde, schließlich waren alle zu strengster Verschwiegenheit verpflichtet. Auch in diesem Fall ging die Rechnung der Abteilungsleiterin auf: die vier Mitarbeiterinnen gaben richtig Gas, die anstehenden Projekte wurden engagiert abgewickelt und die Abteilungsleiterin konnte sich mit Glanz und Gloria verabschieden, das Zepter an eine Auserwählte weitergeben, während die drei anderen Mitstreiterinnen leer aus gingen. So ist das Leben.

Konkurrenz ist für die Wirtschaft nicht nur deswegen so wichtig, weil die Ressourcen knapp sind, sondern auch, weil sie als zentrale Triebfeder die Mitarbeiter und Firmen zu höherer Leistung, mehr Kreativität und neuen Innovationen anstachelt. Wenn wir keine Konkurrenz zwischen den Automobilherstellern hätten, würden wir heute vielleicht alle noch Trabbi fahren.

Doch Konkurrenz ist nur die halbe Wahrheit. Würden wir ständig nur miteinander konkurrieren, könnte das auch nicht funktionieren – weder innerhalb der Firma noch am Markt, denn es würde den Fortschritt auf Dauer blockieren.

Selbst Firmen, die wie BMW und Toyota hart am Markt konkurrieren, sind hin und wieder gezwungen, zusammenzuarbeiten. So entwickeln derzeit Toyota und BMW unter dem Namen *Silk Road*[20] eine gemeinsame Plattform für zwei Sportwagen, wofür BMW den Motor und das Fahrwerk liefert, und Toyota die Systeme für den Hybrid-Antrieb beisteuert. Die deutschen Premiumhersteller, die ständig miteinander um Marktanteile konkurrieren, bauen eine gemeinsame Infrastruktur für die Ladestationen von Elektroautos auf.[21] Und je mehr Dieselfahrzeuge in Verruf geraten, desto intensiver wird das gemeinsame Lobbying der deutschen Automobilhersteller gegen strengere Emissionswerte.[22]

BEISPIEL:

Auch für den Filialleiter des mexikanischen Restaurants war die Freude über den intensiven Wettbewerb der einzelnen Teams nur von kurzer Dauer. Anfangs führte der Wettkampf noch zu höheren Umsätzen, doch bald verschärfte sich die Konkurrenz unter den Teams so sehr, dass der Wettkampf auf dem Rücken der Kunden ausgetragen wurde: Gäste an den Tischen der anderen Teams wurden ignoriert, die wettstreitenden Kollegen behinderten sich untereinander und Bestellungen wurden bewusst falsch eingebucht oder vertauscht. Die Situation in der Filiale eskalierte und das Management der Restaurantkette sah sich gezwungen, das komplette Personal in der Filiale zu entlassen – inklusive des Filialleiters. Nur mit einer vollständig neuen Mannschaft war es wieder möglich, ein ausreichendes Maß an Kooperation zu erreichen und den Kunden den Service zu bieten, den sie zu Recht erwarteten.

Konkurrenz belebt das Geschäft, zu viel Konkurrenz kann das Geschäft aber auch zerstören. Das bekam auch die Nachfolgerin der scheidenden Abteilungsleiterin – unverschuldet – zu spüren:

BEISPIEL:

Die ruhmvoll in den Ruhestand verabschiedete Abteilungsleiterin hinterließ letztendlich verbrannte Erde, nachdem nur eine der vier Kandidatinnen als Siegerin des unbekannten Wettkampfs hervorging und ihre Nachfolge antreten durfte. Die drei Kolleginnen aber, die leer ausgegangen waren, fühlten sich – verständlicherweise – betrogen und schalteten frustriert erstmal zwei Gänge zurück, nachdem sie sich über Monate die Beine ausgerissen hatten. Außerdem waren sie auf die neue Chefin, ihre alte Kollegin, nicht besonders gut zu sprechen. Schnell wurde aus der bisherigen Teamarbeit ein Machtkampf aus 3 gegen 1, bei dem die neue Chefin nur verlieren konnte, denn bei solchen Mitarbeiterinnen braucht man keine Feinde mehr. Statt das wohlverdiente Erbe anzutreten und an den bisherigen Erfolg des Teams anzuknüpfen, hat die neue Abteilungsleiterin die „ehrenvolle“ Aufgabe, den Karren aus dem Dreck ziehen, den ihre Vorgängerin mit Vollgas dort versenkt hat.

Obwohl Konkurrenz ein so zentraler Faktor ist, kommen wir mit Konkurrenz alleine nicht wirklich weit. Weil wir nicht alles selbst machen können oder wollen, sind wir regelmäßig auf die Unterstützung von anderen angewiesen und dadurch „gezwungen", mit anderen zu kooperieren – in manchen Situationen mehr, in anderen weniger.

Daher stehen wir regelmäßig vor der Aufgabe, abwägen zu müssen, wie man sich den Wettbewerbern gegenüber Vorteile verschaffen kann. Doch nicht nur im Hinblick auf die Konkurrenz am Markt, sondern auch hinsichtlich des Wettbewerbs unter den Kollegen. Denn auch innerhalb der Firma konkurrieren wir um die spannendsten Projekte, die Aufmerksamkeit des Vorgesetzten oder um die nächste Beförderung auf der Karriereleiter nach oben. Die eine Möglichkeit ist, sich Vorteile dadurch zu verschaffen, indem man gegen die Konkurrenten arbeitet, etwa im Wettbewerb am Markt durch bessere Modelle, bessere Technik oder besseren Service zu punkten. Im internen Wettbewerb versucht man durch bessere Leistung zu bestechen, falls das nicht klappt, zumindest durch besseres Impression-Management und bessere Seilschaften.

In anderen Situationen allerdings stellt sich die Frage, ob es sinnvoller wäre, mit den Wettbewerbern zusammenzuarbeiten, weil sich hier eine Win-win-Situation abzeichnet. Dann werden strategische Allianzen eingegangen, Joint Ventures gegründet und die Zusammenarbeit mit Kollegen aus den anderen Abteilungen gesucht, um gemeinsam weiterzukommen.

REFLEXION:

Wo kooperieren Sie bewusst mit (internen und externen) Konkurrenten, wo nicht?

Woher kommt das Brüderlichkeitsdilemma? Wenn wir uns die Grafik in Kapitel 3 noch einmal anschauen, entsteht das Brüderlichkeitsdilemma aus einem Zusammenspiel von Ressourcenknappheit und Arbeitsteilung. Die Ressourcenknappheit führt dazu, dass immer wieder Situationen entstehen, in denen einzelne Firmen alleine nicht weiterkommen. Die fehlenden Ressourcen können notwendige Kundenkontakte in einer neuen Branche oder einem neuen Land sein, fehlendes Know-how in bestimmten Bereichen oder das nötige Kleingeld, um teure Systeme oder Technologien zu entwickeln. Dann kooperieren Firmen mit anderen Unternehmen, die über diejenigen Ressourcen verfügen, die ihnen selbst fehlen.

Das gleiche Muster finden wir innerhalb der Firma. Arbeitsteilung basiert nicht alleine auf dem Umstand, dass die Menge der Arbeit nicht allein zu bewältigen ist. Abgesehen von James Bond ist wohl auch kein einzelner Mitarbeiter in der Lage, die verschiedenen Bauteile eines Flugzeugs eigenständig zu entwickeln, alleine selbst herzustellen, zusammenzubauen und dann noch die Dokumentation für das Qualitätsaudit zu schreiben. Arbeitsteilung existiert, weil wir Spezialisten für die verschiedensten Tätigkeiten haben. Weil wir alleine die anstehenden Aufgaben nicht bewältigen können, schließen wir uns zu Firmen zusammen. In der theatralischen Art vieler amerikanischer Management-Autoren formulierte jemand einmal den Sinn von Firmen so: Organisationen sind dazu da, großartige Dinge zu erreichen, die großartige Menschen alleine nicht erreichen könnten. Egal, ob großartig oder nicht, ohne Zusammenarbeit kann keine Firma funktionieren. Wir können noch einen Schritt weitergehen: Die Notwendigkeit, zusammenarbeiten zu müssen, ist der Grund, warum Firmen überhaupt existieren.

Wie bei den anderen Dilemmas auch, werden wir in den allerseltensten Fällen *nur* mit Kooperation oder *nur* mit Konkurrenz weiterkommen. Normalerweise benötigen wir eine Kombination aus beiden Aspekten. Das Mischungsverhältnis zwischen Kooperation und Konkurrenz hängt von verschiedenen Faktoren ab. So wird in einigen Branchen recht viel kooperiert. Die Automobilbranche hatten wir uns eben angeschaut. Aber auch in der IT treffen wir auf Kooperationen zwischen einzelnen Firmen. Diese Allianzen sind meist aus der Not heraus geboren, da selbst große Firmen die Entwicklungsaufwände nicht mehr alleine stemmen können. In anderen Branchen dagegen sind Kooperationen beinahe undenkbar. Oder können Sie sich vorstellen, dass sich McDonald's und Burger King jemals zusammentun, um gemeinsam den McWhopp zu kreieren? Das werden wir wohl nicht mehr erleben.

Auch innerhalb einzelner Firmen sehen wir einen unterschiedlichen Mix aus Kooperation und Konkurrenz. Je nach Unternehmenskultur wird in einigen Firmen die Zusammenarbeit betont und Kooperation belohnt. Andere Unternehmen hingegen zelebrieren geradezu die Konkurrenz zwischen den einzelnen Abteilungen, sogar zwischen einzelnen Mitarbeitern.

REFLEXION:

Wie sieht das bei Ihnen im Unternehmen aus?
Welcher Ansatz überwiegt bei Ihnen in der Organisation?

Wenn Versicherungen ihre besten Vertriebler als Mitarbeiter des Monats feiern, die Besten der Besten mit aufwändigen Incentive-Reisen in ungarische Hallenbäder schicken, steht das Konkurrenzdenken ganz klar im Vordergrund. Doch nicht nur auf Konzernebene findet der Balanceakt zwischen Konkurrenz und Kooperation statt. Auch in der Mitarbeiterführung pendeln Vorgesetzte zwischen Zuckerbrot und Peitsche. Während einzelne Führungskräfte ganz stark auf Kooperation in ihrem Team setzen, leben andere dagegen nach dem Motto: Teile und herrsche! In welche Richtung tendiert Ihr Chef?

Entscheidend ist aber, dass wir – zumindest langfristig – keinen der beiden Pole vernachlässigen können. Nur auf Konkurrenz zu setzen, bringt meist genauso wenig, wie nur mit anderen kooperieren zu wollen. Ständig nur die Kräfte messen, dauernd kämpfen wollen – bald ist keiner mehr da, mit dem man diese Kämpfe austragen kann. Der scharfe Wettbewerb vergrault Lieferanten oder Kunden, wie im Beispiel des Teamwettstreits in dem mexikanischen Restaurant. Oder es kommt der Punkt, ab dem keiner der Kollegen mehr mit einem zusammenarbeiten will.

Ist man aber zu sehr auf Kooperation bedacht, läuft man sehr schnell Gefahr, den Kürzeren zu ziehen. Das Risiko steigt, dass dem vermeintlichen Partner nur noch daran gelegen ist, uns auszunutzen, indem er das Know-how absaugt und die Gewinne aus einem Joint Venture so ungleich verteilt, das für einen selbst zu wenig übrigbleibt. Mitarbeiter, die nie „Nein" sagen können, sind dann die Dummen, die nur noch die Kärrnerarbeit übernehmen, während sich die „Partner" dann mit den Erfolgen aus der gemeinsamen Arbeit schmücken und Karriere machen.

Auch hier gilt wieder: Solange wir Arbeitsteilung und Ressourcenknappheit in den Organisationen haben, werden wir brüderlich miteinander umgehen müssen, dabei sowohl brüderlich kooperieren als auch brüderlich konkurrieren.

REFLEXION:

Mit welchem Brüderlichkeitsdilemma haben Sie momentan gerade besonders zu tun?

Dilemmas kommen in den verschiedensten Varianten. Die Einordnung, ob es sich um ein Gleichheits- oder um ein Freiheitsdilemma handelt, bleibt oft unscharf. Auch könnte man sich trefflich darüber streiten, ob man statt der hier vorgenommenen Einteilung in vier Gruppen die Dilemmas nicht in mehr oder auch weniger Gruppen einteilen könnte. So spannend die Diskussion in der Theorie auch sein mag, so wenig bringt sie uns in der Praxis weiter. Was uns dagegen weiterhilft, ist die Frage, wie wir mit dem Dilemma umgehen – egal, ob es sich um ein Revolutionsdilemma oder ein Brüderlichkeitsdilemma handelt. Denn die Antworten auf diese zentrale Frage sind immer wieder gleich – unabhängig von der Art des Dilemmas. Das ist doch endlich mal eine gute Nachricht! Schauen wir uns die Optionen an, die uns zur Verfügung stehen.

3

DIE DILEMMA-TOOL-BOX:

LÖSUNGSANSÄTZE FÜR DEN UMGANG MIT DILEMMAS

In den letzten Kapiteln dürfte klargeworden sein: Solange wir in Organisationen arbeiten und solange wir mit anderen Firmen und Kollegen im Wettbewerb stehen, solange werden wir es mit Dilemmas zu tun haben. Was können wir tun?

Auf den ersten Blick sieht die Sache schlecht aus – sehr schlecht. Warum? Wenn wir uns noch einmal unsere Definition des Dilemmas genau anschauen: „Es muss eine Entscheidung getroffen werden zwischen mindestens zwei gegebenen, gleichwertigen und gegensätzlichen Alternativen", bedeutet diese Definition genau genommen, dass ein perfektes Dilemma unlösbar ist.

Wenn die Alternativen wirklich gleichwertig sind und beide Seiten wirklich gleich schlecht sind, können wir nur verlieren – egal, wie wir uns entscheiden. Wenn wir uns wirklich zwischen zwei Optionen entscheiden müssen, die sich gegenseitig widersprechen und sich gegenseitig ausschließen, haben wir eigentlich gar keine Chance. Egal, was wir machen, egal, wie wir es drehen und wenden: Es wird immer jemanden geben, der meckert, jemanden, der zu kurz kommt. Ja, der Ausblick ist nicht rosig. Daher lässt sich ein Dilemma auch so gut mit einem Diamanten vergleichen, denn es ist beinahe so unmöglich, ein perfektes Dilemma zu knacken, wie einen echten Diamanten.

Glücklicherweise sind Dilemmas selten perfekt. In den allermeisten Fällen ist wenigstens eine der vier Bedingungen nicht vollständig erfüllt. Oft ist die Situation dann doch nicht so eindeutig, wie es auf den ersten Blick scheint, doch nicht alles schwarz und weiß, sondern mit vielen Grautönen dazwischen (es müssen ja nicht unbedingt 50 sein). Was heißt das konkret? Gehen wir noch einmal zu den vier Facetten des Dilemma-Diamanten zurück:

- *Müssen wir* uns wirklich entscheiden? Ist der Handlungsdruck wirklich so groß, wie wir es vermuten oder treibt uns eher das schlechte Gewissen, dass wir etwas tun müssten? Und wenn wirklich entschieden werden muss: Müssen wir selbst entscheiden? Können wir gegebenenfalls unser Dilemma zum Problem einer anderen Person machen?
- Sind die Alternativen, zwischen denen wir stehen, wirklich *gleichwertig*? Ist bei näherer Betrachtung vielleicht doch eine der beiden Optionen attraktiver? Attrak-

tiver, weil sie besser zu unserer Unternehmensstrategie oder Unternehmenskultur passt? Oder attraktiver, weil sie eher unserem Führungsstil oder den Erwartungen der Mitarbeiter und Kollegen entspricht?

- Sind die Optionen wirklich so *gegensätzlich*, wie sie den Anschein haben? Muss ich mich wirklich zwischen den beiden Optionen entscheiden und mit der Wahl der einen Alternative die andere Alternative komplett ausschließen? Oder *kann* ich beides machen? *Muss* ich vielleicht sogar beides machen?
- Muss ich mich wirklich *zwischen den zwei oder drei Optionen* entscheiden, die ich vor mir sehe? Gibt es vielleicht noch weitere Alternativen? Haben wir uns eventuell vorschnell auf zwei Optionen eingeschossen, obwohl es noch andere gibt? Sind wir vielleicht Opfer unseres eigenen Tunnelblicks geworden? Oder andersherum gefragt: Ist das Problem wirklich ein Dilemma oder halten wir es nur für ein solches?

Ein perfektes Dilemma setzt voraus, dass alle vier Bedingungen vollständig erfüllt sind, was nur in den wenigsten Fällen tatsächlich zutrifft. Meist ist mindestens eine der vier Bedingungen nicht oder nur teilweise erfüllt. Das bietet uns die Angriffsfläche, mit dem Dilemma intelligent umzugehen und es in den Griff zu bekommen.

In den folgenden Kapiteln schauen wir uns an, was jeweils passiert, wenn eine der Bedingungen für ein Dilemma nicht vollständig erfüllt ist. Mit diesen Ansätzen werden wir nicht jedes Dilemma lösen können. Das wäre natürlich klasse – ist aber leider unrealistisch. Doch kann es uns in weit mehr Fällen gelingen, ein Dilemma in den Griff zu kriegen, als es zunächst den Anschein hat, da uns dafür eine größere Auswahl an Ansätzen zur Verfügung steht.

KAPITEL 9
AUSSITZEN UND NICHTS TUN!

Der Blick auf den Dilemma-Diamanten zeigt, dass Handlungsdruck eine der Bedingungen für ein Dilemma ist. Bei einem Dilemma **müssen** wir handeln und können es uns nicht erlauben, das Problem auf die lange Bank zu schieben. Eben dieses „Muss“ ist der erste Ansatzpunkt für einen intelligenten Umgang mit Dilemmas. An diesem Punkt können wir ansetzen, indem wir uns zwei Fragen stellen:

1. Ist der Handlungsdruck wirklich so groß? Oder kommt uns der Handlungsdruck nur so groß vor, weil uns andere – oder auch das eigene schlechte Gewissen – das so einreden?
2. Falls die Notwendigkeit zum Handeln besteht: Müssen wir unbedingt selbst handeln? Die Antwort auf diese Fragen wird viel öfter „Nein“ lauten als gedacht.

Müssen wir wirklich etwas tun?

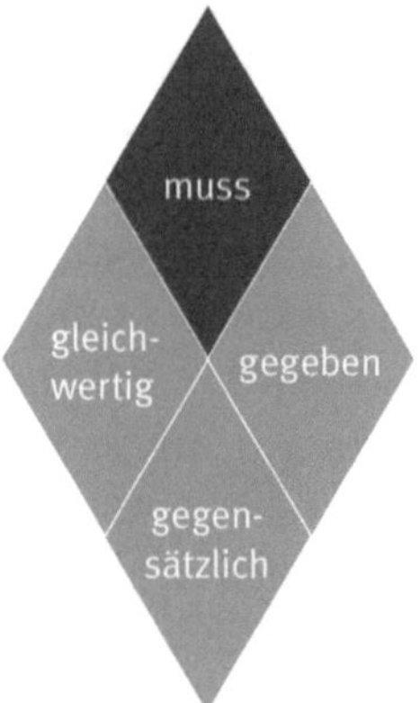

Müssen wir uns wirklich entscheiden?

- Ist der Handlungsdruck wirklich so groß oder treibt uns eher das schlechte Gewissen, dass wir etwas tun müssten?
- Können wir gegebenenfalls unser Dilemma zum Problem einer anderen Person machen?

Nichts tun: Keep calm and carry on!

Im Management haben Sie es ständig mit Problemen zu tun. Probleme zu lösen ist schließlich eine der Hauptaufgaben einer Führungskraft. Vom Ansatz her sind viele unserer Probleme ein Dilemma, doch wir nehmen sie erst dann als Dilemma wahr, wenn der Handlungsdruck ausreichend groß wird. Genau wie bei einer Herdplatte. Wenn sie nur lauwarm ist, spricht nichts dagegen, die Hand darauf zu legen. Wenn die Herdplatte dagegen richtig heiß ist, nimmt man die Finger schnell runter – aber ganz schnell!

Bei der Gleichbehandlung der Mitarbeiter sieht es ähnlich aus. Die einen fühlen sich zurückgesetzt, wenn Sie sich intensiver um den neuen Kollegen kümmern, der eingearbeitet werden muss. Die anderen fühlen sich vernachlässigt, weil man sich eher um die Problemfälle kümmert als um diejenigen Mitarbeiter, die still und unauffällig ihren Job erledigen. Und ständig hat man das „Man müsste mal" im Nacken: Man müsste sich mal wieder ausführlicher mit seinen Leuten unterhalten, man müsste mal wieder ein Entwicklungsgespräch führen, man müsste mal ... Der Handlungsdruck ist da – nicht intensiv, aber nagend. Statt wirklich zu brennen, schwelt die Situation nur so vor sich hin. Wir handeln erst dann, wenn eine Situation eskaliert, es zum Streit kommt, ein Mitarbeiter sich beschwert. Bis dahin beten wir das „Man müsste mal"-Mantra herunter.

Woher kommt dieser Handlungsdruck? Oft entsteht er aus der Situation heraus. Auf diese Situationen kommen wir später ausführlich zurück. In sehr vielen Fällen baut sich der Druck aber nicht durch die Sache selbst auf, sondern wird von anderen erzeugt oder von außen ausgelöst. Genauso wie Rocklängen und die Krawattenbreite der aktuellen Mode unterworfen sind, genauso unterliegen wir jeder Menge Moden im Management. Wer will schon mit einer Krawatte herumlaufen, deren Muster total out ist? Oder überhaupt noch mit einem Schlips ins Büro kommen? Genauso wenig will man als Führungskraft von vorgestern dastehen, indem man zugeben muss, das jeweils angesagte Management-Instrument noch nicht zu kennen. Wie soll man seinen Fachkollegen in die Augen schauen können, wenn wir unseren Bereich immer noch nicht digital transformiert haben (wohin auch immer...), unsere Mitarbeiter immer noch nicht ihren eigenen Chef wählen? Dementsprechend muss jeder Manager und jede Führungskraft, die etwas auf sich hält, natürlich aktiv werden, um diesen, zwar nicht allzu lautem, dafür umso deutlicherem Erwartungsdruck gerecht zu werden. Unterstützung findet die hohe Erwartungshaltung in unserem schlechten Gewissen, wonach Dilemmas ein Zeichen schlechten Managements wären, und macht uns zusätzlich empfänglich für die Botschaft, handeln zu müssen. Denn, wenn alle anderen das Instrument anwenden, sollten wir es wohl auch tun ...

Momentan angesagte Management-Tools haben wir mehr als genug. Egal, ob der Net Promoter Score, Holokratie und Strategie-Maps – mittlerweile hat sich eine Beratungsindustrie etabliert, die ständig neue Management-Instrumente entwickelt und in den Markt pusht. Unternehmensberater und Management-Gurus müssen schließlich auch von etwas leben (BWL-Professoren sowieso ...). Genauso wie in Frauenzeitschriften ständig die Diät der Woche den langersehnten Gewichtsverlust bringen soll, so soll das jeweilige Management-Instrument endlich unsere diversen Probleme in der Organisation lösen. Allerdings zeigen Untersuchungen, dass ca. 90 Prozent aller Management-Instrumente nach zehn Jahren wieder von der Bildfläche verschwunden sind.[23] Insofern schneiden Management-Tools bedauerlicherweise nicht viel besser ab als neue Joghurtsorten – oder neue Diäten. Wenn die letzten zehn Management-Instrumente doch nicht das Wundermittel waren, für das sie angepriesen wurden, warum soll jetzt gerade das elfte Instrument den durchschlagenden Erfolg liefern? Mal ehrlich: Wie wahrscheinlich ist das?

Macht es vielleicht Sinn, diese Welle auszusitzen? Sollten wir nicht einfach einen Modetrend auslassen und an uns vorbeiziehen lassen? Muss wirklich alles agil sein? Auch unsere Buchhaltung? Müssen wir unser Bestattungsunternehmen an das Internet der Dinge anschließen? Müssen wir unsere Brötchen nach Scrum backen? In unserer Kanzlei die Fälle mit Design Thinking angehen? Warum nicht die Kirche im Dorf lassen und warten, bis auch diese Welle über uns hinweg geschwappt ist? Muss ich wirklich überall State-of-the-Art sein oder kann ich abwarten, wie nachhaltig die Sache ist? Erst recht, wenn scheinbar alle anderen mitmachen und alle paar Tage ein anderer „Heilsbringer" glaubhaft versichert, dass genau dieser Ansatz jetzt die Rettung wäre und den lang ersehnten Erfolg bringen würde?

In vielen Fällen dürfte das Nichtstun mehr Sinn machen. Der Management-Trainer Reinhard Sprenger beschreibt dies so schön mit dem „Wettbewerbsvorteil der organisatorischen Verschlafenheit".[24] Für ihn sind die deutschen Mittelständler unter anderem auch deswegen so erfolgreich, weil sie nicht jeden Quatsch mitmachen, sondern eine ganze Reihe von Dingen und Moden einfach aussitzen.

Der vermeintliche Handlungsdruck kommt manchmal von außen. Oft entsteht er aber auch aus unseren eigenen Erwartungen und unserem persönlichen Verständnis davon, was gute Führung ist. Oder er entspringt dem eigenen Management-Stil. Mode ist bekanntlich für diejenigen, die ihren Stil noch nicht gefunden haben (und einige finden ihn wohl nie ...). Wenn jemand seinen Stil gefunden hat, ist er weniger empfänglich für die Forderung, auch das aktuelle Management-must-have einzusetzen. Das ist gut. Aber volle Entwarnung können wir dennoch nicht geben. Denn wir sollten kritisch hinterfragen, ob es nicht sogar unser eigener Management-Stil ist, der diesen unnötigen Handlungsdruck erzeugt – genauer gesagt, das eigene Selbstverständnis von Führung und der Organisation.

Auch wenn es selten so direkt ausgesprochen wird: An jeden Manager wird der Anspruch gestellt, stets alles im Griff zu haben, damit alles klappt und funktioniert. Seine Aufgabe ist es, scheinbar mühelos es immer wieder hinzubekommen, trotz schwieriger Rahmenbedingungen und böser Widersacher alles zum Guten zu wenden und als strahlende Sieger aus der Auseinandersetzung hervorzugehen – der personifizierte Superheld à la Spiderman, Wonder Woman und Co.. Es wird erwartet, dass er sämtliche Probleme, selbst die zukünftigen, schnell löst, dass alles fair zugeht, alle zufrieden sind. Exzellenz wird in allen Bereichen gepredigt, Perfektion erwartet.

Perfektion ist ja ganz schön, aber auch ganz schön unrealistisch. Den Ort, an dem es keinerlei Probleme gibt, an dem alles klappt, alles rund läuft, kennen wir alle: das Paradies, das Nirwana. Lang ersehnt und nie erreicht. Doch eine Firma ist nicht das Paradies, eine Firma ist nicht perfekt, genauso wenig wie die Leute, die darin arbeiten. Es wäre zwar schön, wenn es keine Probleme oder Dilemmas gäbe, wenn alles rund laufen würde. Aber diese schöne heile Welt existiert nun einmal nicht. Das bedeutet, dass wir nicht erwarten können, perfekte Mitarbeiter zu haben. Genauso wenig können aber unsere Mitarbeiter erwarten, dass wir perfekt sind. Wir sind alle nur Menschen.

Wir erwarten, dass unsere Mitarbeiter engagiert und loyal arbeiten, und unsere Mitarbeiter erwarten, dass sie gut geführt werden. Allerdings waren wir bereits auf den Punkt gestoßen, dass Mitarbeiter sehr konkrete und leider auch sehr unterschiedliche Vorstellungen davon haben, was unter guter Führung zu verstehen ist. Die einen wollen klare Anweisungen, die anderen Freiräume. Einige wollen Rat bei privaten Problemen, andere wollen, dass der Chef sich aus ihrem Privatleben heraushält. Einige sollen wir ständig loben, andere akzeptieren ein „nicht gemeckert ist schon genug gelobt". Einige Mitarbeiter wollen ständig neue Dinge machen können, andere lieber den altbekannten Stiefel durchziehen.

Als Führungskraft können Sie sich von dem Gedanken verabschieden, es allen recht machen zu können. Sollten Sie es dennoch versuchen, werden Sie sich sehr wahrscheinlich zwischen den verschiedenen Erwartungen aufreiben. Es sei denn, Sie sind hochgradig schizophren und können ein Dutzend Persönlichkeiten gleichzeitig sein. Abgesehen davon, dass es sich dabei um ein ernstzunehmendes Krankheitsbild handelt, wünschen wir diese „Gabe" keinem, weder Ihnen und bestimmt nicht den Mitarbeitern. In der Arbeitswelt ist es wie im realen Leben auch, das heißt es wird immer Probleme geben und wir werden nie alle Erwartungen erfüllen können. Das sollten wir akzeptieren und die oft überzogenen Anforderungen, die wir an uns selbst stellen, herunterschrauben.

REFLEXION:

Welche Erwartungen, die Sie an sich selbst stellen, sind vielleicht überzogen? Welche unrealistischen Anforderungen stellen andere an Sie?

Superhelden gibt es nun mal nur im Film, nicht im realen Leben und somit auch nicht in der Firma. Die Aufforderung, zu akzeptieren, dass wir nicht perfekt sind und es als Vorgesetzte nicht allen recht machen können, soll kein Freibrief für schlechte Führung sein. Definitiv nicht! Auch dient dieses Bewusstwerden der eigenen Fehlbarkeit nicht als Entschuldigung dafür, dass wir Mitarbeiter bewusst schlecht und unfair behandeln, jegliche Bemühungen einstellen, unsere Mitarbeiter gut zu führen oder uns nicht anstrengen. Natürlich sollen wir weiterhin versuchen, Dinge zu verbessern und Probleme zu lösen. Doch soll Sie das neue Bewusstsein dazu ermutigen, die Kirche im Dorf zu lassen. Wir brauchen nicht den Anspruch zu haben, auch jedes noch so kleine Problem aus der Welt zu schaffen, alles perfekt zu machen. Das soll auch heißen, dass wir akzeptieren, dass Dilemmas da sind und auch bleiben werden. Wir hatten in den vorherigen Kapiteln gesehen, dass Dilemmas existieren, solange Organisationen existieren, die am Markt konkurrieren. Wenn es also immer Dilemmas gibt und auch in Zukunft geben wird, können wir akzeptieren, dass wir sie nicht alle lösen müssen.

Sie sollten nicht einmal *versuchen*, alle Dilemmas zu lösen. Denn beim Versuch, das zu tun, laufen Sie Gefahr, sich in Nebensächlichkeiten zu verlieren. Der unrealistische Anspruch, überall alles perfekt machen und jegliche Spannung aus dem System entfernen zu wollen, führt dazu, dass wir uns verzetteln. Statt uns um alles Mögliche zu kümmern, sollte uns das bewusste Nichtstun bei den vielen kleinen Dilemmas des Alltags die Freiräume schaffen, unsere Energie auf die wesentlichen Dinge zu konzentrieren. Sie haben nur begrenzt Zeit und Kraft zur Verfügung. Diese begrenzten Ressourcen sollten Sie dann für die wirklich wichtigen Probleme nutzen.

Was sind die entscheidenden Dinge beziehungsweise die kritischen Dilemmas, um die wir uns kümmern müssen? Nur weil einige Mitarbeiter in den Tochtergesellschaften jammern, dass sie zu viel Zeit für das Reporting aufbringen müssen, ist das kein Grund, das konzernweite Reporting abzuschaffen. Genauso wenig wird die Produktion von der Serienfertigung auf Einzelfertigung umgestellt, nur weil der Vertrieb gelegentlich jammert, dass die Produkte nicht kundenspezifisch genug wären. Diese gelegentlichen „Baustellen" sind kaum kritische Dinge, sondern gehören zum Grundrauschen der Organisation, zu den alltäglichen Spannungen, die sich aus Arbeitsteilung und Ressourcenknappheit ergeben.

Wir haben ein Gleichheitsdilemma, wenn wir uns eher um die Einarbeitung neuer Mitarbeiter kümmern als um die erfahrenen Kollegen. Aber kaum eins, bei dem wir wirklich aktiv werden müssen.

In einem Dilemma, bei dem wir sehr wohl aktiv werden müssen, steckt der Entwicklungsleiter aus unserem Eingangsbeispiel, der sich mit der hohen Gehaltsforderung des letzten verbleibenden Bewerbers konfrontiert sieht. Der Handlungsdruck ist hoch und akut. Sollte der Entwicklungsleiter das Gehaltsgefüge tatsächlich aufbrechen, damit er sein Entwicklungspensum schaffen kann? Denn an dieser Front brennt die Hütte wirklich und der Entwicklungsleiter ist gezwungen, aktiv zu werden: er muss handeln. Diese Situation unterscheidet sich jedoch deutlich von den angesprochenen vielen kleinen Dilemmas des Unternehmensalltags.

REFLEXION:

Bei welchen der Dilemmas, mit denen Sie aktuell konfrontiert werden, handelt es sich um wirklich kritische Themen, welche Dilemmas gehören dagegen eher zum Grundrauschen?

In vielen Fällen ist es schwieriger zu entscheiden, was man *nicht* tun soll, als zu überlegen, wo man aktiv werden sollte. Dem Reflex zu widerstehen, sofort tätig zu werden, sobald ein Problem auftaucht oder ein Dilemma entsteht, ist eine echte Überwindung, denn es widerspricht dem Selbstverständnis vieler Manager. Schließlich wird man als Manager fürs Handeln bezahlt, nicht dafür, dass man Sachen *nicht* tut. Für die Strategie eines Unternehmens ist es oft entscheidend, bestimmte Sachen nicht zu tun und sich auf einige wenige Maßnahmen zu konzentrieren. Genauso entscheidend ist es, uns auf einige wenige Dilemmas zu konzentrieren, selbst wenn alles um einen herum danach schreit, sich auch noch dieses Themas anzunehmen. Zu Beginn des Zweiten Weltkriegs gab die britische Regierung die Parole aus: „Keep calm and carry on." Diese Einstellung, die den Briten half, mit der deutschen Bedrohung im Zweiten Weltkrieg umzugehen, hilft uns auch beim Umgang mit neuen Management-Moden und vielen Dilemmas.

Es gibt noch einen weiteren Grund dafür, bei den meisten Dilemmas nichts zu tun. Als wir über Revolutionsdilemmas gesprochen hatten, hatten wir gesehen, dass Veränderungen notwendig sind. Ohne Veränderungen sind Organisationen langfristig nicht mehr wettbewerbsfähig. Wenn wir aber zu viel auf einmal verändern, gefährden wir die Organisation durch mangelnde Stabilität. Darüber hinaus hatten wir auch den Punkt angesprochen, dass der Veränderungsdruck durch verschiedene Entwicklungen steigt. Je größer die Veränderungen, die neue Wettbewerber oder Technologien hervorrufen, desto wichtiger wird es, Gebiete, Abteilungen, Prozesse etc. unverändert beizubehalten, die also keiner Veränderung unterworfen werden. Je stärker der Sturm, der um uns herum tobt, umso wichtiger wird es, Ruhe im Auge des Orkans zu bewahren, nämlich denjenigen Teil der Organisation und der Arbeit, in dem wir keine Turbulenz haben. Nur wenn wir ausreichend Ruhepole schaffen, in denen sich nichts verändert, in denen Kontinuität herrscht, verträgt die Organisation massive Veränderungen in anderen Bereichen. Ein bewusstes Nichtstun beim Umgang mit den kleinen Dilemmas des Unternehmensalltags hilft uns, diese Ruhepole zu schaffen und zu bewahren.

Je turbulenter das Umfeld ist – oder zumindest wahrgenommen wird –, desto größer ist auch die Unsicherheit, wie es weitergehen wird. Mit wachsender Unsicherheit steigt gleichzeitig die Gefahr, dass wir uns durch Handeln auf eine falsche Option festlegen und auf das falsche Pferd setzen. Auch hier kann Nichtstun die bessere Option sein: Wir halten uns alle Optionen offen! Politiker haben diese Erkenntnis stärker verinnerlicht als die meisten Manager. So hat etwa der US-amerikanische Historiker Garrett Mattingly den Regierungsstil von Königin Elisabeth I. einmal wie folgt beschrieben:

„Von Anbeginn ihrer Regierung hatte Elisabeth – nach einem kurzen verhängnisvollen Experiment in Frankreich, einem Versuch, der sie über das unsichere Glück des Krieges und seine sicheren Unkosten belehrt hatte – nach Möglichkeit vermieden, sich unwiderruflich festzulegen. Es war ihre Außenpolitik, keine Außenpolitik zu machen, deren Kurs nicht durch die geringste Bewegung des Steuers zu ändern war. Ihre Beständigkeit bedeutete, immer unbeständig zu sein. Die ‚Segnungen der Zeit' ausnützen, war eine der Grundregeln der Staatskunst ihres Jahrhunderts. Die Zeit löste so viele Knoten, hob die Notwendigkeit für so viele verzweifelte Entscheidungen auf, enthüllte so viele unvermutete Musterwechsel in einer kaleidoskopischen Welt, dass der scharfsinnigste Staatsmann froh war, seine Zuflucht zu weiser Untätigkeit, zu bedächtigen Opportunismus nehmen zu können."[25]

Bundeskanzlerin Angela Merkel hat sich bei ihrer englischen Vorgängerin einiges abgeschaut und fährt damit durchaus erfolgreich. Die Kalenderweisheit, dass sich viele Probleme von alleine lösen – man darf sie nur nicht dabei stören, ist vereinfachend und stimmt nicht immer, aber sie hilft beim Umgang mit einem Großteil der alltäglichen Dilemmas. Von daher sollte Ihre Reaktion auf die meisten Dilemmas sehr britisch sein: „Keep calm and carry on."

Stachel im Fleisch: Dilemmas als Kreativitätsquelle

Wir hatten eben gesehen, dass bei vielen Dilemmas zwar eine gewisse Spannung gegeben ist, der Handlungsdruck aber nicht wirklich hoch ist, denn die Situation schwelt langsam und solide vor sich hin. In den meisten Fällen empfinden wir diese leise vor sich in dümpelnden Dilemmas als Belastung, als etwas Negatives. Dabei kann diesen Dilemmas durchaus etwas Positives abgewonnen werden! In diesem Widerspruch und in der Spannung, die im Kern des Dilemmas liegen, steckt sehr viel Energie. Es liegt an uns, aus dieser Energie zu schöpfen und sie positiv einzusetzen. Die Spannung bringt eine Unruhe in die Situation und stört uns in unserem Alltag. Diese Unruhe setzt Energie frei und fordert uns, nach neuen Lösungen zu suchen. Wenn wir es mit widerstrebenden Zielen oder sich widersprechenden Anforderungen zu tun haben, kann uns das einerseits frustrieren. Andererseits kann es uns aber auch anregen, innovative Ansätze zu entwickeln und neue Dinge auszuprobieren. Dazu passt auch die Aussage eines hochrangigen Personaler aus einem DAX-Konzern.

BEISPIEL:

Wir unterhielten uns über Maßnahmen, mit denen die Mitarbeiterzufriedenheit im Unternehmen gesteigert werden könnte. Der Personaler meinte lapidar, er wolle gar nicht, dass die Mitarbeiter des Unternehmens zu zufrieden sind. Sonst hätten sie schließlich keinen Ansporn mehr, Sachen zu verändern und zu verbessern.

REFLEXION:

Welches Dilemma könnte bei Ihnen eventuell der Stachel sein, der positive Energie freisetzen könnte?

Dilemmas setzen Kreativität frei, die uns hilft, Widersprüche zu überbrücken. So galt es lange als ein klassischer Zielkonflikt in der Produktion, entweder eine hohe Verfügbarkeit oder geringe Lagerkosten zu haben. Dann entwickelte Toyota das Kanban-System und löste diesen scheinbar unüberbrückbaren Widerspruch auf. Dabei stellte Toyota durch die Just-in-Time-Belieferung sicher, dass immer genug Teile am Fließband lagen, ohne dass neben dem Band Zwischenlager aufgebaut werden mussten, die unnötige Lagerkosten verursachten.

Was ist eigentlich Kreativität? Eine hilfreiche Definition liefert Robert Quinn, indem er über die Kreativität von Einstein und Mozart schreibt: „Ihre Neuerungen entstanden, wenn Gegensätzliches vereint wurde. Im Gegensatz zur allgemeingültigen Logik sah der kreative Mensch das integrierte Funktionieren gegensätzlicher Elemente."[26] Und dieses „integrierte Funktionieren gegensätzlicher Elemente" klingt doch sehr nach einem Dilemma.

Man kann dabei noch einen Schritt weitergehen und, wie die beiden niederländischen Management-Professoren Bob DeWit und Ron Meyer,[27] den Spieß umdrehen: „Nichts setzt so viel Kreativität frei wie ein anspruchsvolles Paradox, bei dem zwei Gegensätze gleichzeitig wahr zu sein scheinen." Die beiden Autoren sprechen zwar von einem Paradox, meinen aber das, was wir unter einem Dilemma verstehen. Wir können den Bogen sogar noch weiter schlagen und wie F. Scott Fitzgerald letztendlich Intelligenz als die Fähigkeit zum kreativen Umgang mit Dilemmas beschreiben: „Das Kennzeichen ausgezeichneter Intelligenz ist die Fähigkeit, gleichzeitig zwei widersprüchliche Ideen im Kopf zu haben und trotzdem funktionsfähig zu bleiben."[28] Wenn uns das gelingt, kann dieser kreative Umgang mit Dilemmas zu Produkten führen, die es auf den ersten Blick eigentlich gar nicht geben kann.

BEISPIEL:

In Ländern wie Frankreich oder den USA ist die Jagd Volkssport. Als Jäger wird man selbst schnell Gejagter, wenn man im Eifer des Gefechts einem anderen Jäger vor die Flinte kommt. Wer möchte schon als ausgestopfte Trophäe an der Wand des Nachbarn landen? Egal, wie sympathisch der Nachbar auch sein mag ... Um diesem nachhaltigen Begräbnis zu entgehen, müsste man möglichst auffällige Kleidung tragen, idealerweise in grellen Neonfarben. Gleichzeitig möchte man möglichst unsichtbar sein, um vom Wild unentdeckt zu bleiben. Darin erkennt man ein wahres Dilemma. Die Lösung ist Jagdkleidung mit grell-oranger Fleckentarnung: das Fleckenmuster bietet Tarnung gegenüber dem Wild, die grell-orangene Farbe schützt vor Jagdunfällen. Diese auf den ersten Blick irrwitzige Kombination funktioniert, da das Wild Farben anders wahrnimmt als der Mensch und beispielsweise orange nicht als Signalfarbe sieht.

Dilemmas haben einen schlechten Ruf. Aber wir tun gut daran, ihre positive Seite schätzen zu lernen. In Unternehmen wird immer die Forderung, dass die Mitarbeiter kreativer werden müssen, zunehmend lauter. Sollten Firmen das wirklich ernst mei-

nen, ist es extrem hilfreich, wenn nicht sogar unerlässlich, zu lernen, besser mit Dilemmas umzugehen. Not macht erfinderisch – Dilemmas auch.

Dilemmas weiterreichen

Bisher hatten wir uns mit schwelenden Dilemmas beschäftigt, bei denen der Handlungsdruck nicht wirklich hoch war. Doch natürlich existieren jede Menge Dilemmas, bei denen ein Handeln unerlässlich ist. Jedoch heißt das noch lange nicht, dass Sie selbst handeln müssen. Schließlich haben Sie Kollegen, Chefs und Mitarbeiter. Bevor Sie selbst aktiv werden, sollten Sie prüfen, ob Sie nicht Ihr Dilemma zum Problem einer anderen Person machen können. Auf den ersten Blick klingt das so, als ob Sie den schwarzen Peter einfach weiterreichen wollten. Da ist natürlich etwas dran. Aber das ist nur die halbe Wahrheit. Die Arbeitsteilung in Firmen ist ein Grund für das Entstehen von Dilemmas. Daher ist es auch vollkommen legitim, wenn Sie versuchen, diese Dilemmas durch Arbeitsteilung in den Griff zu kriegen.

Dilemmas können Sie hauptsächlich in zwei Richtungen weiterreichen, entweder nach unten, Sie *delegieren* es. Oder Sie geben es nach oben weiter und *eskalieren* die Situation. Gelegentlich können Sie die Sache auch bei einem Kollegen loswerden, doch wird das eher die Ausnahme bleiben. Denn in der Regel haben auch Ihre Kollegen alle Hände voll zu tun. Ein Dilemma zu delegieren – egal, ob an einen Mitarbeiter oder Kollegen – bedeutet, das Dilemma an jemanden weiterzureichen, der mehr Zeit hat, um das Problem anzugehen, oder über mehr Know-how und Expertise verfügt und so besser mit dem Dilemma umgehen kann. Ein Dilemma nach oben zu eskalieren macht dann Sinn, wenn der Vorgesetzte oder das Top-Management im Gegensatz zu Ihnen auf die notwendigen Ressourcen zurückgreifen können, um das Dilemma zu bewerkstelligen, oder zusätzliche Informationen besitzen, die bei der Lösung von Dilemmas hilfreich sind. Manchmal reicht aber allein schon die Autorität des höheren Vorgesetzten, um Streithähne an den Tisch zu holen und eine Einigung dadurch zu erreichen, dass die Beteiligten gezwungen sind, Optionen in Betracht zu ziehen, auf die sie sich sonst gar nicht einlassen würden.

Über das Delegieren wird viel gesprochen. Aufgaben an Mitarbeiter weiterzureichen, ist eines der Standardinstrumente in der Mitarbeiterführung. Dadurch, dass wir Aufgaben an Mitarbeiter delegieren, schaffen wir uns Freiräume. Wenn das bei anderen Aufgaben legitim ist, warum dann nicht auch bei Dilemmas? Wenn wir weniger wichtige Dilemmas an Mitarbeiter oder vielleicht auch Kollegen delegieren, schaufeln wir uns Ressourcen frei, um uns auf die wichtigen Themen und schwerwiegendere Dilemmas konzentrieren zu können. Jedoch haben diese neu gewonnenen Freiräume ihren Preis. Denn aus den Augen heißt bekanntlich noch lange nicht aus dem Sinn. Auch wenn wir uns selbst nicht mehr darum kümmern müssen, müssen wir kontrollieren, dass sich der mehr oder weniger freiwillig damit Beauftragte tatsächlich darum kümmert.

REFLEXION:

Welche Dilemmas haben Sie in der Vergangenheit erfolgreich delegiert? Welche der aktuellen Dilemmas wären Kandidaten fürs Delegieren?

Dagegen wird über das Eskalieren weniger gesprochen, obwohl umso reichlicher davon Gebrauch gemacht wird. Das Kind wird nur nicht unbedingt bei seinem Namen genannt. „Eskalieren" klingt so aggressiv, so negativ – als würden wir es selbst nicht hinbekommen. Stattdessen benennen wir ein Thema oder ein Dilemma in „Chefsache" um. Das klingt nach etwas Wichtigem, etwas, worum sich nur die Häuptlinge kümmern können und sollten. Und Chefsache ist ja eigentlich alles. Eine kurze Google-Suche ergibt eine lange Liste von Dingen, die nach oben eskaliert werden, indem sie zur Chefsache deklariert werden: Neben Kochen (dem Film ‚Kochen ist Chefsache') sind das Kommunikation, Dienstplanung, Krisenmanagement, Datenschutz, Digitalisierung, Markenwert, Arbeitsklima, Reden, Gleichstellung, Exportkontrolle, IT-Sicherheit und Büroorganisation, Motivation, Gesundheit, Information Management usw. Um all diese Dinge soll sich der Chef doch bitte selbst kümmern, all das ist so wichtig, dass es seiner Aufmerksamkeit bedarf. Es fehlen eigentlich nur noch Büroklammern und Klopapier ...

Beim Anblick dieser unendlichen Liste fragt man sich, warum die Firma überhaupt noch Mitarbeiter beschäftigt, denn der Chef macht eh (fast) alles selbst. Manchmal versteckt sich hinter der Eskalation nach oben eine platte Arbeitsvermeidungsstrategie. Wenn ich mich nur als inkompetent und überlastet genug darstelle, nimmt mir der Chef die Arbeit und die Entscheidung vielleicht wieder ab. Einige Mitarbeiter leben nach der Devise „Dummheit schafft Freizeit". Bei dem ein oder anderen gutmütigen Chef fahren sie bedauerlicherweise ganz gut damit. Ein weiterer Grund dafür, ein Thema zur Chefsache zu machen, ist der Versuch, die eigene Sichtbarkeit im Unternehmen zu erhöhen, besonders dann, wenn es sich um das eigene Thema handelt.

Aber nicht nur aus diesen Gründen ist es angebracht, ein Dilemma nach oben weiterzureichen. In vielen Fällen ist der Ruf, etwas zur Chefsache zu machen, die unausgesprochene Erkenntnis, dass wir es mit einem Dilemma zu tun haben. Wir stehen mit unterschiedlichen Interessen im Wettkampf um knappe Ressourcen. Unsere eigenen Mittel reichen nicht aus, um das Dilemma zu lösen: Wir brauchen die Ressourcen des Chefs, seine Autorität. Ein einzelner Vertriebler hat oft nicht die ausreichende Macht, in der Produktion Sonderwünsche des Kunden durchzusetzen. Der Vertriebsleiter vielleicht schon, wenn er dem Produktionsleiter oder auch der Geschäftsführung klarmachen kann, wie wichtig es ist, durch diese Sonderwünsche den Kunden zu gewinnen oder zu halten. Ein einzelnes McDonald's-Restaurant wird in Israel kaum das Menü an die lokalen Geschmäcker anpassen und den Falafel-Burger einführen können. Der nationale Franchise-Nehmer ist eher in der Lage, solche Anpassungen vorzunehmen und gegenüber der Konzernzentrale in den USA zu argumentieren.

REFLEXION:

Bei welchen Ihrer Dilemmas könnte es eine sinnvolle Option sein, das Thema nach oben zu eskalieren?

Wann macht Nichtstun Sinn?

Handlungsdruck ist ein wichtiges Kennzeichen für Dilemmas. In vielen Fällen ist der Handlungsdruck aber bei näherem Hinschauen doch nicht so groß wie anfänglich angenommen. Der Druck erscheint oft nur so groß, weil uns eingeredet wird, dass wir handeln müssen, entweder von uns selbst durch unser eigenes Verständnis von Management oder auch von anderen Leuten. Die Erwartungen der anderen sind dabei oft alles andere als uneigennützig. Entweder wollen sie uns etwas verkaufen oder einfach ihre Arbeit bei uns abladen. Auch wenn es der Reflex vieler Manager ist, sofort handeln zu müssen, besteht diese Notwendigkeit häufig gar nicht. Wenn das Problem nicht ausreichend wichtig ist, sind wir besser beraten, nichts zu tun. Denn für die meisten Dilemmas gilt, nicht das Dilemma selbst, sondern stattdessen die Erwartungshaltung anzugehen, jedes Dilemma lösen zu müssen. Anders gesagt: „Keep calm and carry on." Das bedeutet auch, dass Sie die im Dilemma steckende Spannung aushalten müssen. Diese Spannung zu ertragen, ist anstrengend, kostet Energie – keine Frage. Aber es kostet deutlich weniger Energie, als das Dilemma aktiv anzugehen. Sie vermeiden, dass Sie sich in Nebensächlichkeiten verlieren, und können sich stattdessen auf die zentralen Themen konzentrieren. Nichts tun bedeutet auch, dass Sie in unsicheren Situationen Ihre Flexibilität bewahren und Bereiche von Stabilität in einer turbulenten Umgebung schaffen. Und Dilemmas können durchaus ihre Vorteile haben. Sie können der Stachel im Fleisch sein, der Kreativität freisetzt und Innovationen auslöst.

Viele Dilemmas können wir aussitzen, wenn auch leider nicht alle. Wenn bei einem Dilemma gehandelt werden muss, müssen wir jedoch nicht unbedingt selbst handeln. Eine Reihe von Dilemmas können wir an Mitarbeiter oder Kollegen delegieren. Andere Dilemmas müssen wir weiter nach oben in der Organisation eskalieren. In beiden Fällen reichen wir eigene Dilemmas an diejenigen in der Organisation weiter, die über mehr Ressourcen verfügen, um sich um das Dilemma zu kümmern.

Auch wenn Sie die Möglichkeit haben, Dilemmas nach unten zu delegieren oder nach oben zu eskalieren, bleiben immer noch genug Dilemmas übrig, auf denen Sie sitzenbleiben und denen Sie aktiv begegnen müssen. Es wäre ja sonst auch zu schön, um wahr zu sein. Schauen wir uns in den nächsten Kapiteln an, was Sie in diesem Fall tun können.

KAPITEL 10

ENTWEDER-ODER: DEN HELDENTOD STERBEN

Man kann Apple viel vorwerfen. Nicht aber, dass die Firma erfolglos ist. Apple ist innovativ, bringt immer wieder bahnbrechende Produkte und komplett neue Technologien auf den Markt. Damit schafft sich die Firma aber auch ein Problem: Jedes Mal, wenn ein neues Produkt oder ein neuer Standard eingeführt wird, kann die Firma zwar durch Innovationen glänzen und sich von den Wettbewerbern absetzen. Gleichzeitig führt dieser radikale Wechsel regelmäßig dazu, dass alte Hardware und Programme nicht mehr kompatibel sind. Ein klassisches Revolutionsdilemma, bei dem die Firma im Spannungsverhältnis zwischen Bewahrung und Veränderung steht. Jüngstes Beispiel für diese mangelnde Rückwärtskompatibilität war die Entscheidung bei der Markteinführung des iPhone 7, auf die bisher weit verbreitete Klinken-Buchse zu verzichten. Die bisher millionenfach verkauften Kopfhörer waren damit nur noch über einen Adapter zu nutzen.

Bei jedem dieser Systemwechsel muss eine Firma abwägen: Gewinnen wir durch die neue Technik mehr Kunden, als wir durch die mangelnde Rückwärtskompatibilität verlieren? Firmen wie Microsoft versuchen, hier einen Kompromiss einzugehen, indem sie die alten Programme und Systeme so lang wie möglich nutzbar belassen. Der Preis, den Microsoft – und seine vielen Nutzer – zahlt, ist ein Betriebssystem, das immer größer und umfangreicher wird. Ganz anders Apple. Die Firma löst das Revolutionsdilemma für sich so, dass sie sich ganz klar für einen der beiden Pole entscheidet. Es ist Teil der Unternehmensphilosophie, dass Apple ganz bewusst all die Nachteile der fehlenden Rückwärtskompatibilität in Kauf nimmt. Das Unternehmen ist bereit, den Preis dafür zu zahlen, den radikale Innovationen erfordern – egal, wie groß das Geschrei der User und die

Gefahr, Kunden zu verlieren, auch sind. Arroganz ist Teil des Geschäftsprinzips von Apple.

Die Vereinbarkeit von Karriere und Familie ist ebenfalls eines der Dilemmas, die wir ständig in Unternehmen beobachten. Klar, viele Leute würden gerne Karriere machen, gleichzeitig möchten sie auch genug Zeit haben, um ein halbwegs geregeltes Familienleben und eine glückliche Ehe zu führen. Die Karriere erfordert viel Zeit, das Familienleben auch. Und da der Tag endlich ist, kommen wir schnell in ein Dilemma. Laut einer Statistik aus dem Jahr 2005 wurden 40 Prozent aller Ehen in Deutschland geschieden,[29] bei Führungskräften lag die Scheidungsrate sogar bei 50 Prozent. Auch wenn die Zahl der Scheidungen insgesamt zurückgegangen ist[30], sieht es doch so aus, als ob viele Führungskräfte bewusst ein Scheitern der Ehe in Kauf nehmen, um beruflich voranzukommen. Das ist schon bitter genug. Noch bitterer sind natürlich die Fälle, bei denen die Beziehung nicht vorsätzlich der Karriere geopfert wurde, aber als Kollateralschaden die unbeabsichtigte Folge war.

Beruflich erfolgreicher als Vorstände von Großunternehmen aus dem DAX, M-DAX oder auch großen Familienunternehmen kann man eigentlich gar nicht sein. Sie haben es schließlich ganz nach oben geschafft, einige von ihnen sogar in jungen Jahren, also noch bevor sie 50 wurden. Wie gehen diese Leute mit dem Dilemma zwischen Familie und Beruf um? In einer Studie der Personalberatung Heidrick & Struggles aus dem Jahr 2016[31] wurden bei den Vorständen unter 50 diejenigen befragt, die Eltern waren. 70 Prozent der Befragten bestätigten, dass sie das Gefühl hätten, zu wenig Zeit mit ihren Kindern zu verbringen. Bei der hohen Arbeitsbelastung überrascht diese Zahl kaum. Was aber überrascht – oder eher erschreckt –, war die Aussage in dieser Studie, dass 90 Prozent aller Vorstände zwischen 35 und 49 Jahren gar keine Kinder hatten! Das mögliche Dilemma zwischen Karriere und Familie war in den allermeisten Fällen dadurch gelöst, dass auf eine eigene Familie verzichtet wurde. In diesem Zusammenhang wäre es spannend zu schauen, wie viele dieser Vorstände ihr Unternehmen als familienfreundlich beschreiben …

Damit kommen wir zur zweiten Möglichkeit, mit Dilemmas umzugehen. Der Ansatzpunkt hier ist die Bedingung, dass die zur Wahl stehenden Optionen gleichwertig sind. Ist einer der beiden Pole vielleicht doch attraktiver als der andere? Oder passt er besser zu unserem Unternehmen, wie etwa die klare Entscheidung für Innovation und Veränderung bei Apple? Gibt es vielleicht doch gute Gründe, sich klar für die eine oder die andere Option zu entscheiden?

Können wir uns doch für einen Pol entscheiden?

- Macht es Sinn, sich doch für einen der Gegenpole zu entscheiden?
- Ist ein ***Kompromiss*** möglich?
- Sind die Alternativen, zwischen denen wir stehen, wirklich ***gleichwertig***?

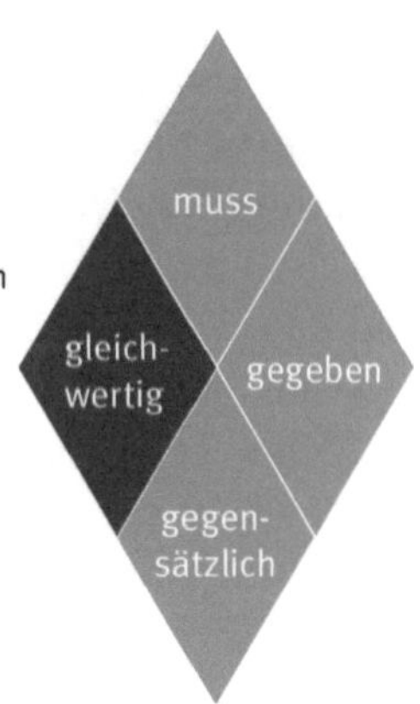

Konsequente Wahl zwischen den Polen

In der östlichen Philosophie ist das Sowohl-als-auch, auch bekannt als das sich gegenseitig ergänzende Yin-und-Yang, weit verbreitet. Dem steht in der westlichen Welt die Tendenz gegenüber, sich klar für eine Richtung zu entscheiden und eine der Extrempositionen einzunehmen, das heißt das westliche Denken bevorzugt ein klares „Entweder, oder“. Wenn Amerikaner oder Engländer Dilemmas beschreiben, sprechen sie gerne von den „horns of the dilemma“, indem sie ein Dilemma mit den Hörnern eines Stiers vergleichen und wir demnach die Wahl haben, entweder von dem einen oder von dem anderen Horn aufgespießt zu werden. Die Antwort auf diese Frage gleicht der heroischen Selbstaufopferung: Der Heldentod ist sicher, egal wie man es dreht oder wendet. Und wenn der Untergang eh gewiss ist, ist es letztendlich egal, ob man sich auf das linke oder auf das rechte Horn wirft – Hauptsache, man tut es mit vollem Engagement.

Nicht nur bei Apple, sondern in vielen anderen Unternehmensstrategien finden wir eine klare Entscheidung für den einen oder den anderen Gegenpol. So hat sich etwa Ryanair als größter europäischer Billigfluganbieter eindeutig für radikale Kostensenkung entschieden. Diese eingeschlagene Strategie zieht sich durch alle Bereiche des Unternehmens – egal, ob es die Bezahlung der Piloten ist, die Menge des getankten Kerosins oder auch die Wahl der angeflogenen Flughäfen. Alles ist darauf ausgelegt, die Kosten so weit wie möglich zu drücken. Und solange der Preis stimmt, akzeptieren die Kunden die enge Bestuhlung, die nervtötende Werbung und den ständigen Verkauf während des Flugs. Auch die Drohung, demnächst für den Toilettenbesuch bezahlen zu müssen, schreckte nicht ab. Glücklicherweise erwies sich die Drohung als ein Marketing-Gag des Ryanair-Chefs Michael O'Leary. Bei einer Firma, die wie Ryanair die Kostenführerschaft in ihrer Branche erreichen will, macht das Sparen an allen Ecken und Enden Sinn. Ein Limousinen-Service, der die Kunden von zu Hause abholt und zum Flieger bringt, würde nicht in das Unternehmenskonzept von Ryanair passen. Wohl aber für einen Business Class-Passagier der Fluggesellschaft Emirates, die auf größtmöglichen Komfort setzt – bei entsprechend hohen Preisen. Genauso wie Ryanair mit ihrer Billigschiene erfolgreich ist, genauso ist auch Emirates mit ihrer Premiumstrategie erfolgreich.

Ein weiteres Beispiel für Notwendigkeit, sich für einen der beiden Gegenpole entscheiden zu müssen, liefert der Vergleich der beiden Fotounternehmen Kodak und Fuji.

BEISPIEL:

Neben der europäischen Agfa beherrschten letztendlich nur diese beiden Firmen die hochkomplexe Technologie, um dünne Kunststoffschichten mit der Vielzahl von Chemikalien zu beschichten, die für die Produktion von analogen Fotofilmen notwendig ist. Um Fotofilme kostengünstig herstellen zu können, sind große Produktionseinheiten mit hohen Fixkosten notwendig. Diese drei Wettbewerber standen mit dem Einzug der Digitalfotografie alle vor demselben Dilemma. Je weniger Fotofilme verkauft wurden, desto weniger ausgelastet waren die teuren Produktionsanlagen, desto höher waren die Herstellungskosten. Dadurch rentierten sich immer weniger Typen von Filmen. Und je weniger Filmtypen man anbot, desto höher war der Anreiz für die noch verbleibenden Kunden, zur Digitaltechnik zu wechseln. Um diese erhöhten Produktionskosten zu verringern, hätten die Unternehmen in kleine Produktionseinheiten investieren müssen. Aber das Geld für die Neuinvestitionen fehlte ja gerade jetzt, da die Profitabilität der bisherigen Cash-Cow sank. Kodak[32] schwankte lange Zeit zwischen der Notwendigkeit, den Bereich der analogen Filme zu verkleinern und in den neuen Bereich der Digitalfotografie zu investieren. Bei der ersten Option hätte man nicht nur große Teile der bisherigen Produktionsanlagen abschreiben müssen. Auch hätte man sich von Tausenden langjähriger Mitarbeiter trennen müssen. Bei der zweiten Option besaß die Firma letztendlich wenig Wettbewerbsvorteile gegenüber Konkurrenten. Kodak konnte sich nicht zwischen den beiden Alternativen entscheiden. Die Firma versuchte ein bisschen von beiden Ansätzen zu fahren und verlor: Das einstige Vorzeigeunternehmen meldete 2012 Insolvenz an.

Anders reagierte Fuji auf die Bedrohung.[33] Als deutlich wurde, dass der Markt für analoge Filme wegbrechen würde, scheute sich Fuji nicht, einen klaren Schnitt zu machen und sich von dem bisherigen Hauptprodukt zu trennen. Statt am bisherigen Markt für Filme festzuhalten, entschied sich Fuji, das Know-how, das das Unternehmen für die Herstellung von Fotofilmen entwickelt hatte, auf komplett andere Märkte zu übertragen. Für 10 Milliarden Euro kaufte Fuji rund 50 Firmen, um diese Kernkompetenzen – die Dünnfilmtechnologie und der Umgang mit dem Eiweißcollagen – für die Stammzellenforschung und die Entwicklung von Hautcremes einzusetzen. Bei Fuji hat sich der Mut, auf das Dilemma mit einer radikalen und klaren Entscheidung für einen der Gegenpole zu reagieren, ausgezahlt. Das Unternehmen hat im Gegensatz zu Kodak den Zusammenbruch des Marktes für analoge Filme gut überlebt und sich neu erfunden.

Nicht nur bei der Strategie entscheidet sich ein Unternehmen manchmal für den einen oder den anderen Gegenpol. Oft liegt es auch in der Unternehmenskultur, ob innerhalb der Firma entweder die Entscheidung bewusst für intensive Konkurrenz oder bewusst für größtmögliche Kooperation zwischen den Mitarbeitern getroffen wird. Zudem finden wir jede Menge Führungskräfte, die ihre Mitarbeiter durch größtmöglichen Druck motivieren wollen. Genauso, wie wir Vorgesetzte finden, die nach der Maxime handeln: Je zufriedener meine Leute sind, desto mehr leisten sie. Wenn ein Chef erzählt, dass ihm egal ist, ob ihn seine Mitarbeiter mögen, erkennen wir, dass sich hier jemand ganz klar für einen Pol entschieden hat.

Außerdem finden wir unzählige Beispiele für Vorgesetzte, die ihre Mannschaft erfolgreich „mit fester Hand“ führen, indem sie Druck ausüben, um die gesteckten Ziele zu erreichen. Management by Angst funktioniert oft genug – zum Leidwesen vieler verstörter Mitarbeiter und Lieferanten. Doch genauso viele Führungskräfte erreichen ihre Ziele mit zufriedenen Mitarbeitern.

REFLEXION:

Bei welchen Themen sehen Sie in Ihrer Organisation eine klare Entscheidung in die eine oder die andere Richtung?

In vielen Fällen können Sie mit der Wahl eines der beiden Gegenpole durchaus erfolgreich sein. Jedoch sollten Sie darauf achten, den Bogen nicht zu überspannen. Denn häufig ist dieser Erfolg nur kurzfristig und die Rache folgt auf dem Fuße, wenn man den Gegenpol vollkommen ignoriert. Dieser macht sich früher oder später wieder bemerkbar. Selbst Ryanair musste feststellen, dass die Leidensfähigkeit der Kunden endlich war. Nachdem zwischenzeitlich öffentlich über Stehplätze auf den Flügen sinniert wurde, wurde der Airline bewusst, dass die Kunden dann doch nicht wie

Vieh behandelt werden wollten – egal, wie günstig der Preis auch sein mochte. Mittlerweile wirbt Ryanair wieder mit einem Mindestmaß an Komfort und ist um die Erkenntnis reicher, dass es doch nicht geht, nur auf das eine Extrem zu setzen.

Viele Firmen entscheiden sich oftmals nur für einen der beiden Pole – zumindest anfänglich. Im Laufe der Zeit bekommen sie allerdings kalte Füße, weil der andere Pol ebenfalls seine Berechtigung hat und deshalb seinen Tribut fordert hat. So entsteht in Ping Pong-Spiel zwischen den Polen, dass wir leider in viel zu vielen Unternehmen beobachten. Dazu das folgende Beispiel:

BEISPIEL:

In einem Unternehmen, das verschiedene Software-Lösungen und Dienstleistungen wie das Einscannen von Unterlagen rund um das Dokumentenmanagement anbietet, entwickeln die einzelnen Geschäftsbereiche und Tochtergesellschaften unabhängig voneinander die jeweiligen Produkte. Die Kunden kommen aus verschiedenen Branchen, mit zum Teil sehr unterschiedlichen Anforderungen. Weil die unterschiedlichen Software-Tools und Dienstleistungen recht komplex und erklärungsbedürftig sind, gibt es einen separaten Vertrieb für jedes dieser Produkte und für jede der Tochtergesellschaften. Das stellt sicher, dass die Vertriebler tief genug in den Prozessen und Programmen stecken, um die Kunden kompetent beraten zu können. Der Nachteil dabei ist, dass ein potenzieller Kunde schnell mit einem halben Dutzend Ansprechpartnern aus der Firma zu tun hat. Für einen Kundenbesuch lohnt es sich beinahe, einen Kleinbus zu mieten. Schlimmer noch, es braucht viel Zeit und eine intensive Abstimmung, bis ein realistisches, alle Positionen berücksichtigendes Angebot für den Kunden erstellt werden kann. Die Folge: Die Konkurrenz ist oft schneller.

Ein neuer Vertriebsleiter kommt ins Haus und ist mit dieser dezentralen Struktur seines Vertriebs unzufrieden. Das Procedere ist ihm aus Sicht des Kunden zu kompliziert und zu langsam. Er will, dass sein Vertrieb schneller wird. Unter dem Motto „one face to the customer" wird der Vertrieb nun zentralisiert. Für jeden der Kunden wird ein Ansprechpartner definiert und ein Account Manager ernannt. Die Begeisterung der Vertriebler über die Neuorganisation hält sich in Grenzen. Sie sind frustriert, den direkten Kundenkontakt zu verlieren. Doch das schreckt den neuen Vertriebsleiter nicht. Er weiß, dass Veränderungen in der Organisation wehtun. Dafür gibt es schließlich Change-Management.

Nach einigen Monaten, in denen der Vertrieb eher mit seiner eigenen Reorganisation beschäftigt war als mit den Kunden, steht die neue Struktur. Langsam werden die Vorteile der neuen zentralen Organisation sichtbar. Der Kunde hat nur noch einen Ansprechpartner, der schneller eine Antwort geben kann – oder zumindest eine Antwort geben *könnte*, wenn er selbst das nötige Wissen dafür *hätte*. Das hat er aber eher selten. Dazu sind die Tools und Dienstleistungen zu komplex. Der Kunde hat jetzt zwar weniger Ansprechpartner für seine Fragen, wartet jetzt aber viel länger auf die Antwort, denn sein Account Manager muss erst bei den jeweiligen Spezialisten nachfragen, wie eine Lösung aussehen könnte. Der Spezialist hat seinerseits die eine oder andere Rückfrage, schließlich steckt der Account Manager nicht tief genug in der Materie, um schon beim ersten Gespräch mit dem Kunden nach den notwendigen Informationen und Rahmenbedingungen zu fragen, die für die Antworten nötig sind. Dass bei dieser „Stillen Post" zwischen Kunde, Account Manager und Spezialist die eine oder andere Information noch verloren geht und Dinge missverstanden werden, macht die Sache auch nicht gerade einfacher.

Als das Unternehmen noch über eine dezentrale Vertriebsstruktur verfügte, erschien das Gras auf der anderen, zentralisierten Seite des Zauns viel grüner. Jetzt, wo man auf eben dieser Seite steht, erkannt man, dass das Gras hier doch nicht saftiger ist. Im Gegenteil: aus der Nähe erkennt man die braunen Flecken und die vielen Disteln – die Nachteile Dezentralisierung werden immer deutlicher. Die Reaktionsgeschwindigkeit des Unternehmens hat sich nicht verbessert, sondern eher verschlechtert, die Beratungsqualität leider auch. Vielleicht war ein dezentraler Vertrieb doch keine so schlechte Idee? Doch diese Vermutung darf man anfänglich natürlich nicht laut äußern, höchstens still denken.

Da es nach einiger Zeit mit dem Vertrieb weiter nicht so rund läuft, wie sich die Unternehmensspitze gewünscht hatte, wird ein Projekt aufgesetzt, ein Unternehmensberater engagiert, um den Vertrieb zu optimieren. Nach eingehender Analyse wurde festgestellt, dass ein zentraler Vertrieb für dieses Unternehmen nicht die richtige Lösung sei. Das neue Zauberwort lautet jetzt: Dezentralisierung. Weil der bisherige Vertriebsleiter nach wie vor zu sehr für die Idee eines zentralen Vertriebs steht, wird er genauso ausgewechselt wie die Vertriebsstruktur. Auch jetzt hält sich die Begeisterung der Belegschaft in Grenzen. Um die Akzeptanz für die neue Struktur zu erhöhen, wird „benefit selling" betrieben Die Vorteile der Dezentralisierung werden in schillernden Farben geschildert, die Nachteile geflissentlich ignoriert. Das kennen wir aus jeder Zahnpasta-Werbung.

Und schon befinden wir uns wieder auf der Seite des Zauns, auf der wir am Anfang standen.

Unternehmen haben nicht nur eine Kultur, sondern auch ein Gedächtnis. Bloß scheint das sehr oft in den Köpfen der Belegschaft, nicht aber in den Köpfen des schneller wechselnden Management-Teams verdrahtet zu sein. So erinnern sich einige der langjährigen Mitarbeiter vielleicht noch daran, dass diese Rückkehr auf die Wiese der Zentralisierung nicht die erste ist, die sie miterlebt haben. Die Chancen stehen gut, dass wir in ein paar Jahren wieder auf der anderen Seite des Zauns landen, auf der Wiese Dezentralisierung. Mit jedem Wechsel zwischen Zentralisierung und Dezentralisierung nimmt der Zynismus der Mitarbeiter zu. Wer lange genug dabei ist, um den dritten Wechsel über den Zaun mitzuerleben, glaubt dann auch nicht mehr daran, dass diese Reorganisation des Unternehmens endlich die vielfach versprochenen Früchte tragen wird, vor allem wenn der fünfte neue Chef in zehn Jahren einem dies mit strahlenden Augen verkündet. Wen verwundert es daher, dass das Thema Mitarbeitermotivation für Führungskräfte immer drängender geworden ist?

Barry Johnson[34] beschreibt das Pendeln zwischen den Extremen treffend mit der Endlosschleife im Bild unten, in der die Organisation gefangen ist. Fangen wir bei Punkt 1 an. Am Punkt 1 sind wir bei einem der Pole, die Vorteile sind bekannt und werden gar nicht mehr groß wahrgenommen. Dafür erleben wir die Nachteile dieses Pols umso deutlicher. Irgendwann fallen die Nachteile der gegenwärtigen Struktur so stark ins Auge, dass wir uns entschließen, zum anderen Pol zu wechseln. Dessen Vorteile sind einfach zu verlockend – willkommen bei Punkt 2. Die Nachteile erscheinen nicht sehr groß, insbesondere im Vergleich zu den Nachteilen des Status quo, die einem tagtäglich die Arbeit erschweren. Schlimmer kann es doch gar nicht mehr kommen. Nach dem Wechsel herrscht anfänglich Begeisterung. Schließlich sind die Nachteile der alten Struktur endlich überwunden. Leider sind auch einige der Vorteile des alten Pols verloren gegangen. So hatten wir uns das aber nicht gedacht – und vor allem nicht, dass der neue Pol nicht nur Vorteile, sondern auch einige Nachteile hat.

Gefangen in der Endlosschleife

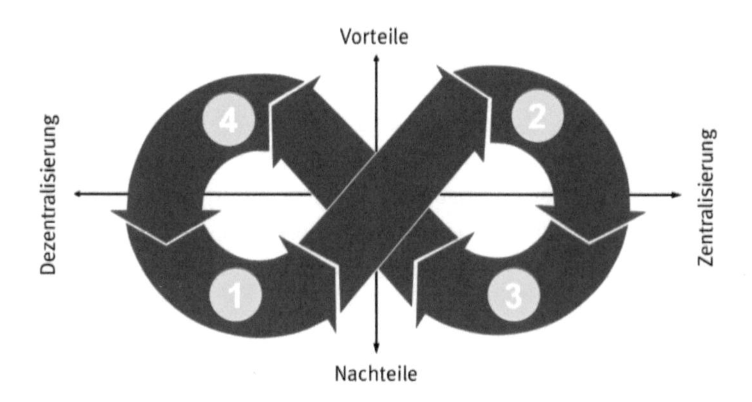

Je stärker die Nachteile sichtbar werden, desto mehr bewegen wir uns in Richtung Punkt 3. Die Unzufriedenheit mit dem gegenwärtigen Zustand wird immer größer. Die Vorteile des Gegenpols erscheinen umso verlockender, je stärker die Schwächen der aktuellen Lösung ins Auge stechen. Früher oder später wird die Entscheidung gefällt, zum anderen Pol zurückzukehren. Dessen Vorteile am Punkt 4 sind einfach zu bestechend, der Zustand am Punkt 3 zu unbefriedigend. So schön es auch anfänglich am Punkt 4 ist, es ist nur eine Frage der Zeit, bis wir wieder die Nachteile deutlich zu spüren bekommen. Über kurz oder lang rutscht die Situation runter in Richtung Punkt 1... Das Spiel beginnt von Neuen. Sich im Kreis zu drehen ist allerdings eine schlechte Art, voranzukommen. Viele Organisationen scheinen in dieser Endlosschleife gefangen zu sein. Das ist bitter, denn es schluckt viel Energie und das ständige Hin und Her frisst viel Motivation.

REFLEXION:

Welche Endlosschleifen beobachten Sie in Ihrem Unternehmen?

Solange wir den Bogen nicht zu sehr überspannen, zu sehr in eines der Extreme gehen, kann die bewusste Entscheidung für einen der beiden Pole Sinn machen. Einige Unternehmen sind ja gerade deswegen so erfolgreich, weil sie sehr konsequent bei der Umsetzung ihrer Strategie sind, siehe Apple oder auch Emirates. Aber diese Unternehmen sind relativ selten, denn konsequent sein heißt in dem Fall, auch die Nachteile des jeweiligen Pols bewusst in Kauf zu nehmen. Man braucht ein dickes Fell, um die Nachteile des jeweiligen Pols zu ertragen.[35] Es kann anstrengend sein, sich immer wieder von Kunden vorwerfen lassen zu müssen, dass die alten Kopfhörer nicht mehr funktionieren, die Reaktionsgeschwindigkeit zu langsam ist und die Preise zu hoch sind. Das dafür notwendige Selbstbewusstsein und die nötige Energie in vielen Unternehmen fehlen, insbesondere dann, wenn die Zahlen nicht stimmen und die Analysten anfangen, zu nörgeln.

Dagegen finden wir die Wahl für einen der beiden Pole häufiger im Führungsstil von Vorgesetzten wieder. Da der Führungsstil von der Persönlichkeitsstruktur des jeweiligen Managers geprägt ist, erleben wir hier eher Chefs, die ihren Stiefel konsequent durchziehen. Meist sind Führungskräfte eher bereit, den einen oder den anderen Mitarbeiter zu verlieren, als den eigenen Führungsstil zu ändern. Solange die Ergebnisse stimmen oder besser gesagt die Kennzahlen, die vom Management gemessen werden, wird diese Vorgehensweise von den meisten Unternehmen auch stillschweigend akzeptiert. Der Kollateralschaden, der an der Motivation und Leistungsfähigkeit der Mitarbeiter entsteht, wird dabei leider viel zu oft ignoriert.

Kompromiss

Dilemmas zeichnen sich ja gerade dadurch aus, dass wir beide Pole benötigen. Viele Management-Instrumente erscheinen auch deswegen so charmant und attraktiv, weil sie die Komplexität des Managements mit einem scheinbar einfachen Tool lösen wollen: *Alles* muss agil werden, *alles* wird gut, wenn wir einen Netpromoter Score oder eine Balanced Scorecard einsetzen. Diese Ansätze fordern eine mehr oder weniger bewusste Entscheidung für einen der beiden Pole. Doch gerade weil gefordert wird, alles auf eine Karte zu setzen, greifen die meisten Instrumente nicht – denn sie ignorieren schlichtweg, dass es noch einen Gegenpol gibt. Und wir neben Agilität und Veränderung auch Kontinuität im Unternehmen brauchen. Genauso, dass Kundenzufriedenheit vielleicht doch komplexer ist und sich nicht mit einer einzigen Kennzahl erfassen lässt. Das führt letztendlich dazu, dass die meisten dieser angepriesenen Tools schnell wieder von der Bildfläche verschwinden.

Weil wir den anderen Pol eines Dilemmas nicht dauerhaft ignorieren können, werden wir uns nur selten nachhaltig für ein Extrem entscheiden können. Wenn es dauerhaft schwierig ist, sich für eine Seite zu entscheiden, liegt es nahe, es mit einem Kompromiss zu versuchen. Auch die Tendenz, einen Kompromiss zu finden, ist in der westlichen Kultur verankert, nicht nur das Denken in Entweder-oder-Schubladen.

Den Versuch eines Kompromisses sehen wir sehr oft in der Entwicklung der Unternehmensstrategie. In den 1990-Jahren wurde das Konzept des Shareholder Value sehr populär. Statt bei der Strategieentwicklung zu versuchen, es den verschiedenen Interessengruppen in und um den Unternehmen herum irgendwie recht zu machen, plädierte der Shareholder Value-Ansatz dafür, sich nur um die Interessen der Eigentümer zu kümmern. Der langfristigen Steigerung des Unternehmenswerts hatten sich alle anderen Interessen unterzuordnen. Für den Erfolg einer Strategie wurde allein der Unternehmenswert zur einzig relevanten Messgröße. Jack Welch, der damalige CEO von General Electric, war einer der populärsten Vertreter dieses Ansatzes – und sehr erfolgreich damit. Denn während seiner Zeit als Chef von General Electric wurde dieses Unternehmen zeitweilig zum weltweit wertvollsten Aktienunternehmen.

Langfristig ging diese einseitige Betonung der Eigentümerinteressen nicht gut. Die Belange der Mitarbeiter, der Lieferanten oder Kommunen konnte das Top-Management auf Dauer nicht ignorieren. Der Shareholder Value kam wieder aus der Mode. Selbst Jack Welch, lange Jahre glühender Verfechter des Shareholder Value, erklärte 2014, dass der Ansatz Unsinn sei.[36] Als Gegenpol wurde dann die Idee der Corporate Social Responsibility beliebt. Die sozialen, gesellschaftlichen und ökologischen Folgen der Strategie wurden in den Vordergrund gestellt. Mittlerweile ist es auch um diesen Ansatz ruhiger geworden.

Strategien sind langfristig ausgerichtet, doch langfristig lassen sich die Interessen der verschiedenen Gegenpole und der verschiedenen Beteiligten nicht komplett ignorieren. Natürlich ist es das Top-Management, das die Unternehmensstrategie entwickelt und verabschiedet, aber letztendlich ist die verabschiedete Strategie ein fein austarierter Kompromiss zwischen den Interessen der verschiedenen Stakeholder. Je nach Dringlichkeit oder nach Macht werden die Interessen der verschiedenen Gruppen unterschiedlich stark berücksichtigt und im Laufe der Zeit immer wieder nachjustiert, abhängig davon, wie sich das Machtgefüge zwischen den Beteiligten verschiebt. Mal ist die Position der Mitarbeiter so stark, dass sie bei Strategiewechseln Arbeitsplatzgarantien in den Strategien verankern können, mal ist es die Position des Unternehmens, dass es den Gesetzgeber davon abbringen kann, eine für die Unternehmen unliebsame Regelung zu verabschieden. Die Strategie als Kompromiss zwischen den Beteiligten wird immer wieder neu ausverhandelt.

REFLEXION:

Welche Kompromisse gehen Sie in Ihrer Firma ein?
Wie dauerhaft sind diese Kompromisse?

Auch wenn Kompromisse in der westlichen Kultur fest verankert sind, gibt es sehr unterschiedliche Auffassungen darüber, wie ein Kompromiss zu bewerten ist.[37] Für Engländer und Amerikaner ist ein Kompromiss etwas Gutes. Es entspricht dem Gefühl der Fairness, dass auf die Interessen beider Seiten zumindest teilweise eingegangen wird. In Frankreich stehen Kompromisse nicht ganz so hoch im Kurs und es wird die Meinung vertreten, die meisten Kompromisse wären „faul". Einen guten Kompromiss erkennen wir schließlich daran, dass beide Seiten gleich unzufrieden sind. Kompromisse sind weder Fisch noch Fleisch. Es besteht die Gefahr, die Mindestanforderungen weder des einen noch des anderen Pols zu erfüllen. Und Kompromisse sind selten dauerhaft. Wie eben schon bei der Strategiediskussion gesehen, müssen wir diesen Kompromiss oft neu austarieren und regelmäßig die Balance zwischen den verschiedenen Interessen wieder neu finden. Ähnlich wie in der oben beschriebenen Endlosschleife wird ein Kompromiss selten eine dauerhafte Lösung bringen. Aber das wäre bei einem Dilemma vielleicht zu viel verlangt.

Wann macht der Heldentod Sinn?

Die kompromisslose Wahl eines der beiden Pole wird oft propagiert. Diese Option taucht auch immer wieder in der öffentlichen Diskussion auf und ist in den Management-Medien stark vertreten. Diese Idee des Heldentods entspricht sowohl dem westlichen Entweder-oder-Denken als auch unserem Bild des Managers als Helden: dem Bild des Unternehmenslenkers, der sich im Kampf mit dem Stier heroisch für eines der beiden Hörner entscheidet – komme, was da wolle! Die klare Entscheidung für einen der beiden Pole ist so beliebt, weil sie kurzfristig Erfolg verspricht. Wir haben das Problem vom Tisch – zumindest für den Moment. Wenn wir Glück haben, ist es erst unser Nachfolger, der sich um die Folgeschäden kümmern muss. So wie bei der Marketingleiterin, deren Nachfolgerin die Konsequenzen der einseitigen Entscheidung für die Konkurrenz ausbaden durfte.

Diese Variante ist für viele der Akteure von bestechender Logik, nicht nur für Unternehmensberater, die ein Interesse an ständiger und radikaler Veränderung haben. Je radikaler der Wechsel, je unbekannter das neue Tool, desto eher kann man einem Unternehmen seine Expertise mit dem neuen Instrument verkaufen. Von daher werden diese Berater selten Veränderungen in kleinen Schritten fordern, sondern einen kompletten Wechsel. Auch als neuer Chef eines Bereichs kann es sinnvoll sein, konsequent einen der beiden Pole anzusteuern. Oft wird man schließlich auf die Stelle berufen, weil das Unternehmen mit den Leistungen des Vorgängers unzufrieden war. Das ermöglicht es, sich als neuer Chef am einfachsten dadurch zu profilieren, indem man erst einmal genau das Gegenteil von dem macht, was der Vorgänger bisher praktizierte. Auf diese Weise gerät er nicht in den Verdacht, dieselben Fehler zu machen wie der Vorgänger. Wie lautet ein altes Sprichwort: Neue Besen kehren gut – und fegen erst einmal all das weg, was bisher gemacht wurde.

So beliebt die Option des Heldentods und damit einen der beiden Gegenpole zu wählen ist, so selten macht sie Sinn. Kennzeichen eines Dilemmas ist es – wie bereits mehrfach betont – gerade, dass wir beide Pole brauchen und auf keinen komplett verzichten können. Es ist anders als bei der Wahl zwischen Android und IOS als Betriebssystem für das nächste Handy. Ist die Wahl einmal getroffen, brauche ich die andere Seite nicht mehr. Diese Unabhängigkeit der Pole unterstellt aber die Variante des Heldentods. Da aber früher oder später der Gegenpol seinen Tribut fordert und wir neben Kooperation auch wieder Konkurrenz benötigen werden, ist die Entscheidung für eines der Extreme selten nachhaltig.

Weil die konsequente Entscheidung für eine der Optionen selten von Dauer ist, sehen wir zwei Antworten:

1. Die Organisation ist in der Endlosschleife gefangen und pendelt dauernd zwischen den Polen hin und her. Die Herde wird von einer Wiese auf die andere gescheucht, Change wird zum einzig Beständigen im Unternehmen. Im Kreis zu fahren eignet sich aber bekanntlich wenig dafür, um voranzukommen.
2. Es wird ein Kompromiss gesucht. Dieser ist oft notwendig, aber per Definition unbefriedigend. Weder Fisch noch Fleisch stellt keinen zufrieden, hinterlässt einen faden Beigeschmack.

Dadurch sind auch Kompromisse selten von Dauer, wir sind gezwungen, sie immer wieder neu auszutarieren. Wenn auch nicht das Gelbe vom Ei, so sind Kompromisse aber immer noch besser, als in der Endlosschleife des Entweder-oders gefangen zu bleiben. Die Option, Dilemmas anzugehen, indem an der Bedingung der Gleichwertigkeit gerüttelt wird, ist meist unbefriedigend. Der Heldentod ist oft vergeblich, Kompromisse oft faul und damit wenig dauerhaft. Aber immer noch besser als gar nichts.

KAPITEL 11
YIN UND YANG – DIE IDEE DES SOWOHL-ALS-AUCH

Ein Grund, warum Dilemmas so anstrengend und frustrierend sind, ist die Forderung, Unversöhnliches zu versöhnen: Als Vorgesetzter sollen Sie flexibel und beständig sein. Die Entscheidungen in der Firma sollen zentralisiert und gleichzeitig dezentralisiert werden. Dilemmas begegnen uns auf den ersten Blick als eine Ansammlung von unüberbrückbaren Gegensätzen. Glücklicherweise aber nur auf den ersten Blick, denn auf den zweiten Blick ergeben sich immer wieder Ansätze, um diese scheinbaren Gegensätze aufzulösen. Hinter diesem zweiten Blick steckt die Idee unseres dritten Ansatzes zum Umgang mit den Dilemmas. Wir knöpfen uns die Bedingung der Gegensätzlichkeit im Bild unten vor.

Sowohl-als-auch als Antwort auf Dilemmas

Ursache vieler Dilemmas ist eine unbewusste Schere in unserem Kopf, nämlich das unausgesprochene Denkmuster, immer und überall das Gleiche machen zu wollen. Entweder zentralisieren wir alles oder wir dezentralisieren alles. Dieses entschiedene Entweder-oder ist im westlichen Denken weit verbreitet. Das hatten wir ja schon im letzten Kapitel gesehen. Und damit machen wir uns das Leben unnötig schwer.

Im Jahr 2010 erschien im Harvard Business Review ein Artikel über Singapore Airlines mit der Überschrift „Singapore Airlines' Balancing Act".[38] Das Unternehmen galt als die Airline mit dem besten Service und hatte bereits 21 Mal den renommierten World's Best Airline Award gewonnen – eine beachtliche unternehmerische Leistung im Hinblick darauf, dass der Preis bis dahin erst 22 Mal vergeben worden war. Deutlicher kann man sich kaum als Premiumanbieter positionieren. Soweit, so unspannend. Wirklich spannend an Singapore Airlines aber war die Tatsache, dass dieser Premium-Anbieter gleichzeitig eine der besten Kostenstrukturen in der gesamten Branche vorzuweisen hatte. Während die Kosten bei den europäischen Airlines zwischen 8 und 16 Cent pro Sitzplatz/km, bei den US-amerikanischen Fluggesellschaften zwischen 7 und 8 Cent und bei den asiatischen Konkurrenten bei 5 bis 7 Cent lagen, kam Singapore Airlines auf 4,58 Cent pro Sitzplatz/km. Das Unternehmen schaffte es, seinen legendären Service zu den Kosten eines Billigfliegers anzubieten. Doch wie gelang dem Unternehmen dieser Spagat zwischen hoher Qualität und niedrigen Kosten?

Die Autoren des Artikels, Loizos Heracleous und Jochen Wirtz, kamen zu dem Ergebnis, dass Singapore Airlines diesen scheinbar unversöhnlichen Gegensatz dadurch überwinden konnte, dass sie sowohl billig als auch teuer war, das heißt in einigen Unternehmensbereichen deutlich mehr als die Wettbewerber, in anderen Zweigen gleichzeitig deutlich weniger als die Konkurrenz ausgab. In allen Belangen, die die Zufriedenheit der Kunden beeinflussten, klotzte Singapore Airlines: die Flugzeugflotte war deutlich jünger als die der Konkurrenten, die Zahl der Flugbegleiter überdurchschnittlich hoch, außerdem war das Kabinenpersonal besser geschult als bei anderen Airlines. Auf der Kundenseite war Singapore Airlines Technologieführer und konnte sich so von der Konkurrenz absetzen. Bezeichnenderweise war sie die erste Airline, die den A380 einsetzte.

In allen anderen Bereichen war das Unternehmen aber sehr sparsam, beinahe geizig. Als erste Airline, die einen Flugzeugtyp einsetzte, erhielt Singapore Airlines hohe Rabatte auf die Flugzeuge. Die junge Flotte bedeutete einen geringen Treibstoffverbrauch und niedrige Wartungskosten. Da die neuen Flugzeuge seltener ausfielen als die betagteren Maschinen, brauchte die Airline weniger Ersatzmaschinen vorzuhalten, die anstelle defekter Maschinen eingesetzt werden konnten. Das niedrige Gehaltsniveau mit hohen, an die Profitabilität gekoppelten Boni, verschaffte dem

Unternehmen bei den Lohnkosten Flexibilität. Loyale Kunden halfen, die Vertriebskosten in Grenzen zu halten. Insgesamt war die Verwaltung sehr schlank. Während das Unternehmen auf der Kundenseite mit der neuesten Technologie glänzte, waren die Back-office-Systeme alt und günstig. Statt auf teure Eigenentwicklungen in der IT zu setzen, wurden billige Standardanwendungen gekauft. Statt dem gängigen Muster zu folgen, immer in Qualität zu investieren oder immer zu sparen, verfolgte Singapore Airlines den Ansatz eines intelligenten Sowohl-als-auch.

Das uns vertraute Denkmuster, immer und überall das Gleiche machen zu wollen, verstellt uns den Blick darauf, dass sich viele Dilemmas lösen lassen, wenn wir aufhören, das Herangehen an Probleme zu pauschalisieren. Statt in sich gegenseitig ausschließenden Kategorien und Schubladen zu denken, wird im asiatischen Kulturkreis das Denken in sich gegenseitig ergänzenden Elementen betont. Dem klaren Entweder-oder wird das Sowohl-als-auch entgegengesetzt, symbolisiert durch das Zusammenspiel von Yin und Yang. Wir können von Singapore Airlines Versöhnung von günstig und teuer auf andere Dilemmas verallgemeinern. Wenn wir Probleme gezielt ungleich behandeln, das heißt Mal so und Mal so angehen, können wir viele Dilemmas aushebeln und auflösen. Grundsätzlich stehen uns drei Dimensionen zur Verfügung, mit denen wir durch punktuellen Einsatz der gegensätzlichen Pole das Dilemma in Griff bekommen können. Das sind die Dimensionen der Zeit, des Raums und des Themas. Schauen wir uns diese Dimensionen genauer an.

Zeitliche Auflösung der gegensätzlichen Pole

Alle Eltern wissen, dass Sex nicht nur ganz schön, sondern letztendlich auch ganz schön teuer ist. Das haben auch Wasserflöhe erkannt.[39] Zwar geht es bei denen nicht um Skiferien oder In-App-Käufe des Nachwuchses, aber im Vergleich zur geschlechtlichen Fortpflanzung erfordert eine ungeschlechtliche Vermehrung deutlich weniger Energie. Aus biologischer Sicht ein großer Vorteil. Aber natürlich hat alles seinen Preis – auch die ungeschlechtliche Vermehrung. Wasserflöhe zahlen diesen Preis in Form großer Uniformität der Nachkommen. Solange die Rahmenbedingungen für die Wasserflöhe stabil sind, wiegt dieser Nachteil nicht besonders schwer, denn die Wasserflöhe sind an die aktuellen Rahmenbedingungen des Biotops gut angepasst.

Anders sieht es aber aus, wenn die Umweltbedingungen turbulenter werden, etwa Trockenheit die Tümpel bedrohen, in denen die Wasserflöhe leben. Dann stellen die Wasserflöhe auf sexuelle Fortpflanzung um. Neben den sonst üblichen Weibchen entwickeln sich auch Männchen. Das ist zwar aufwändiger und kostet mehr Energie, aber durch die geschlechtliche Fortpflanzung steigt die Vielfalt der Nachkommenschaft. Und je vielfältiger die Nachkommen, desto höher die Wahrscheinlichkeit, dass einige dieser unterschiedlichen Nachkommen besser an die sich ändernden Umweltbedingungen angepasst sind. Die höheren Kosten der sexuellen Vermehrung sind die Versicherungsprämie der Spezies gegen unvorhergesehene Ereignisse. Diese Prämie wird aber nur dann gezahlt, wenn das Umfeld unsicher wird.

Asexuelle Vermehrung führt zu einer hohen Standardisierung des Erbguts, sexuelle Vermehrung ermöglicht eine starke Differenzierung des Genpools. Und damit sind wir wieder beim Management von Unternehmen.

Unter stabilen Rahmenbedingungen wird zumeist die Standardisierung mit den daraus folgenden Kostenvorteilen vorangetrieben. Noch vor wenigen Jahren wurden überall Lean Management und Six Sigma gepredigt. Ansätze, die Varianz eliminieren, die in Form von Fehlern und unterschiedlichen Herangehensweisen im Prozess entstehen. Je mehr Firmen aber über ein turbulentes Umfeld klagen, umso wichtiger wird die Vielfalt im Unternehmen.

Vor zehn Jahren fielen in den DAX-Konzernen alle scheinbar unnötigen Einheiten dem Rotstift zum Opfer und es wurde alles gestrichen, was nicht einen direkten Wertbeitrag nachweisen konnte. Sie erschienen überflüssig, da sie nicht direkt auf den aktuellen, stabilen Prozess einzahlten, aber eventuell für das Unternehmen unter anderen Bedingungen am Markt hilfreich sein könnten. Heute wird viel Geld in interne Start-ups, Future Labs und ähnliche Spielwiesen gesteckt, in denen die zündende Geschäftsidee entstehen soll, die das Fortbestehen des Unternehmens in Zeiten von Disruption und Transformation sichern soll. 2010 warb Boston Consulting mit einem Lean-Manufacturing Self-Assessment, um unnötige Varianz aus dem Unternehmen zu tilgen.[40] 2017 warb dieselbe Unternehmensberatung mit Anleihen bei der Biologie, um durch Vielfalt und redundante Systeme die Widerstandsfähigkeit der Organisation zu erhöhen.[41] Wie bemerkte Bob Dylan so treffend: „Times are a changin'". Dementsprechend kann ein Pendeln zwischen den Polen des Dilemmas über die Jahre hinweg durchaus sinnvoll sein.

Als Unternehmensleitung bedeutet das, dass es für das Unternehmen notwendig ist, sich beim Gleichheitsdilemma für einige Jahre für den Pol der Standardisierung zu entscheiden. Solange der Markt stabil ist, die Player am Markt letztendlich mit ähnlichen Angeboten um die Gunst der Kunden buhlen, wird Kostenminimierung zum obersten Gebot der Stunde. Und die wird am ehesten mit der Verschlankung von Prozessen, dem Heben von Synergien, sprich der Standardisierung von Abläufen erreicht. Wird der Markt unruhiger, werden die Risiken schwieriger einzuschätzen, verändern sich die Spielregeln durch neue Wettbewerber und Technologien, hilft eine Konzentration auf die Kostenreduzierung meist nicht mehr weiter. Dann wird es zu riskant, alles auf die eine Karte des aktuellen Geschäftsmodells und Kundenstamms zu setzen. Das Management ist dann gezwungen, in Richtung Individualisierung umzuschwenken und Vielfalt nicht nur zuzulassen, sondern aktiv voranzutreiben. Während noch vor kurzem alles wegrationalisiert wurde, was irgendwie vom Standardprozess abzuweichen drohte oder nicht absolut notwendig war, wird jetzt aktiv versucht, die Vielfalt im Unternehmen zu erhöhen. Da werden dann jede Menge neue Projekte ins Leben gerufen, Mitarbeiter zu Mitunternehmern ernannt und Inkubatoren für neue Geschäftsideen gegründet. Die Devise heißt jetzt: bunte Wiesen statt Monokulturen.

Investoren erwarten von den Firmen, in denen sie ihr Geld anlegen, sowohl eine hohe Rendite als auch ein hohes Wachstum, das den Aktienkurs beflügelt. Oft geht das Wachstum aber auf Kosten der Rendite, und die Rendite lässt sich mittel- und langfristig nicht ohne Wachstum aufrechterhalten. Gerade Start-ups stellen in den ersten Jahren ganz klar das Wachstum in den Vordergrund, was von den Anlegern akzeptiert, beinahe schon erwartet wird. Kräftig Geld zu verbrennen scheint ein gutes Start-up ja geradezu auszuzeichnen. Magere Renditen oder gar Verluste, wofür ein etabliertes Unternehmen sofort massiv abgestraft werden würde, wird hier wie selbstverständlich hingenommen. Doch jede Toleranz erreicht irgendwann einmal eine Grenze: dann ist nicht nur mehr Wachstum angesagt, sondern auch endlich Gewinn. Je nach Unternehmen ist der Zeitraum, in dem zwischen den Polen gependelt werden kann, unterschiedlich. Beim Invest in ein etabliertes Unternehmen hat das Management für die Umsetzung einer neuen Strategie nur wenige Jahre, bis die Anleger ungeduldig werden. Man muss schon eine solch fulminante Wachstumsstory wie Amazon hinlegen, um sich wie Jeff Bezos über 20 Jahre mit dem Wechsel von Wachstum auf Profitabilität Zeit lassen zu können, bevor einen die Märkte abstrafen. Aber auch in dieser Hinsicht ist Amazon ein Ausnahmeunternehmen.

Beim Umgang mit Mitarbeitern lösen wir das Freiheitsdilemma oft – mehr oder weniger unbewusst – durch eine zeitliche Auflösung. Unerfahrene Mitarbeiter führen wir sehr eng und lassen ihnen nur wenig Freiheit: wir fragen fast täglich nach, wie es so läuft, was sie denn bisher gemacht haben oder wie die Zwischenergebnisse so aussehen – und zwar so lange, bis wir den Eindruck haben, dass die neuen Mitarbeiter so weit im Thema sind, dass wir sie weniger kontrollieren und ihnen seltener über die Schulter schauen müssen. Erst dann gewähren wir ihnen mehr Freiheit, wann und wie sie ihre Aufgaben erledigen.

Auch in der persönlichen Karriereplanung streben viele ein zeitliches Pendeln zwischen den Polen an. Viele wollen bis 50 ranklotzen, um ihre Schäfchen ins Trockene zu bringen und anschließend eine ruhigere Kugel schieben zu können – auf dem Golfplatz oder auf dem Sofa. Jedoch erwischt dieses Modell der zeitlichen Entzerrung viele Manager auch unfreiwillig. Immer wieder rollen die Sparwellen über das mittlere Management hinweg und verdonnern die darunter Schwimmenden für die letzten Jahre vor der Rente im besten Fall auf Beraterposten mit sporadischen Aufträgen.

Räumliche Auflösung der gegensätzlichen Pole

Zeitlich zwischen den Polen zu wechseln ist ein sinnvoller Ansatz, um ein Dilemma durch Ungleichbehandlung zu entschärfen. Eine weitere Methode ist die räumliche Abgrenzung, das heißt die Dinge an unterschiedlichen Orten unterschiedlich zu machen. Wir haben McDonald's bereits als einen Meister der Standardisierung identifiziert und schon mehrfach die Frage gestellt, wie das Unternehmen sein auf Standardisierung ausgerichtetes Geschäftsmodell aufbohrt, um auf die unterschiedlichsten Essgewohnheiten weltweit einzugehen. Bekanntermaßen lassen sich einige Klassiker, mit denen die Firma im Heimatland groß geworden ist, nur schwer mit den religiösen Tabus in muslimischen Ländern oder auch in Indien vereinbaren. Auf seine Internationalisierung wollte McDonald's dennoch nicht verzichten. So hat das Unternehmen ein System perfektioniert, auf der einen Seite durch Standardisierung Synergien zu heben, auf der anderen Seite das Menü immer wieder an die lokalen Geschmäcker anzupassen. Globale Lokalisierung ist das Zauberwort. Veggie McNuggets® in Indien, McLobster® in Kanada und Teriyaki-Burger in Japan. Und so lecker ein McLobster® oder die Veggie McNuggets® auch sein mögen, die Chancen, dass wir sie in unserem lokalen McDonald's finden werden, stehen schlecht. In Frankfurt hat McDonald's eine Versuchsküche, in denen Produkte für Europa entwickelt bzw. an die europäischen Geschmäcker angepasst werden. Und Produkte, die in anderen Teilen der Welt erfolgreich sind, passen selten zum hiesigen Massengeschmack.

Auch Automobilhersteller beherrschen die Anpassung der Produkte an die jeweiligen Länder, in denen sie die Wagen verkaufen. Mercedes führte kürzlich eine Version der E-Klasse mit verlängertem Radstand ein – aber nur in China.[42] Dort gibt es genug Kunden, die sich chauffieren lassen wollen, aber in Zeiten von Anti-Korruptionskampagnen nicht allzu protzig daherkommen wollen. Statt Maybach dann lieber dezentes Understatement in der E-Klasse – selbstverständlich mit Chauffeur und Massagesessel. Mercedes ist es möglich, aus standardisierten Teilen des E-Klasse-Baukastens für diese spezielle chinesische Klientel mit wenig Mehraufwand ein passendes Angebot zu schneidern. Vielleicht wäre der Wagen auch für Kunden außerhalb Chinas interessant. Denn nicht nur in China gibt es eine Reihe von Käufern, die sich über den Komfort der langen Limousine freuen würden. Doch zum Leidwesen dieser Kunden wird es dieses E-Klasse-Modell in Europa nicht geben, genauso wenig wie den Renault Kwid. Dieser kleine Pseudo-SUV ist in Indien der Renner. Ein deutscher Reporter, der ihn fuhr, war ganz begeistert und meinte, dass es ein guter Ersatz für den Renault Twingo wäre.[43] Doch dürfte Renault wenig Interesse haben, dieses Modell in Europa einzuführen, denn der Kwid kostet in Indien umgerechnet nur 3.500 Euro. Mehrkosten aufgrund höherer Sicherheitsanforderungen hin oder her – wie sollte sich dann noch der Einstiegspreis eines Twingo von knapp 10.000 Euro rechtfertigen lassen?

Für einige Jahre für die Firma als Führungskraft in ein anderes Land zu gehen, kann zwar ziemlich spannend und ein gutes Karrieresprungbrett sein, doch es ist auch ziemlich anstrengend, insbesondere dann, wenn die Tochtergesellschaft in einem anderen Kulturkreis gelegen ist. Nicht selten können Sie Ihren gewohnten Führungsstil, der zu Hause gut funktionierte, am Zoll abgeben, denn er nutzt Ihnen unter Umständen bei Ihren neuen Mitarbeitern kaum noch. Ich habe zwar selbst nie in Russland gearbeitet, habe aber immer wieder gehört, dass Mitarbeiter es dort gewohnt sind, sehr eng geführt zu werden. Wird nicht täglich nach dem Stand der Dinge gefragt, interpretieren die Mitarbeiter die Angelegenheit als unwichtig gewordene Aufgabe und verschieben sie auf der Prioritätenliste Schritt für Schritt nach unten. In Deutschland oder in den Niederlanden käme diese enge Führung – zumindest bei den erfahrenen Mitarbeitern – nicht gut an. Schwedische Kollegen dagegen wollen wissen, warum sie etwas tun sollen. Einfach nur par ordre du mufti Dinge anzuordnen mag in Manila funktionieren, nicht aber in Malmö.

Firmen wie Ernst & Young oder Google mögen vielleicht eine wahrlich globale Belegschaft mit einer weltweit sehr ähnlichen Kultur und einem ähnlichen Führungsverständnis haben. Dort mag es funktionieren, alle Mitarbeiter mit dem gleichen Maß an Distanz und Kontrolle zu führen. Doch für die meisten Führungskräfte macht es auf absehbare Zeit Sinn, den Führungsstil je nach Land zwischen den Polen pendeln zu lassen, das heißt das Dilemma räumlich zu entzerren.

Firmen stehen oft vor dem Dilemma, einerseits ihre finanzielle Solidität nach außen repräsentieren, andererseits diese Solidität aber durch Sparsamkeit erhalten zu müssen. Auch hier versuchen die meisten Unternehmen, dieses Dilemma durch räumliche Entzerrung zu lösen. Während die Firmenzentrale mehr oder weniger großzügig gestaltet ist und je nach Unternehmenskultur mehr oder weniger viel Marmor, Bauhaus-Möbel oder moderne Kunst zu finden ist, „strahlen" Werkstätten oder Produktionshallen in eher schlichter Architektur. Ich zumindest bin noch durch keine Produktionshalle mit Ledersesseln und Chromtischen gekommen.

Thematische Auflösung der gegensätzlichen Pole

Neben zeitlicher und räumlicher Ungleichbehandlung ist die thematische Ungleichbehandlung die dritte Möglichkeit, einem Dilemma auf die Pelle zu rücken. Alles und alles gleich zu behandeln, macht keinen Sinn. Dafür sind die Rahmenbedingungen in den verschiedenen Bereichen der Firma zu unterschiedlich. Genauso, wie auch die Mitarbeiter Menschen und keine Klone sind. Die meisten Organisationen und Führungskräfte entwickeln zu Recht eine Logik, nach der sie je nach Thema Dinge und Leute unterschiedlich behandeln. Bloß denken sie selten darüber nach, nach welchen Kriterien sie entscheiden, wann das Pendel in die eine, wann in die andere Richtung schlagen soll.

Wie solch eine Logik aussehen kann, hatte Singapore Airlines gezeigt. Bei den kundenseitigen Investitionen wurde geklotzt, bei den Back-Office-Prozessen gekleckert. Southwest Airlines fordert von seinen Mitarbeitern eine strikte Einhaltung der Sicherheitsbestimmungen. Hier darf auf keinen Fall von den Regeln abgewichen werden. Wenn es aber darum geht, dem Kunden zu helfen, haben die Mitarbeiter enorm viele Freiheiten: Solange es hilft, die Kundenzufriedenheit zu erhöhen, ist fast alles erlaubt. Dann dürfen die Flugbegleiter gerne die nervigen Sicherheitsbelehrungen rappen oder als Country-Song singen. Der Erfolg gibt der Airline Recht: Southwest zählt zu den Fluggesellschaften mit den geringsten Schadensquoten und der höchsten Kundenzufriedenheit in den USA.

Ende 2016 wurde ein Artikel in der Frankfurter Allgemeinen Zeitung über BMW mit dem Worten „Gas geben und bremsen“ veröffentlicht und eingeleitet mit: „Der Autokonzern muss gleichzeitig mehr investieren und mehr sparen“.[44] Das hört sich erst einmal widersprüchlich an, beschreibt aber ganz gut das Sowohl-als-auch als Antwort auf das Dilemma von Renditeerwartungen auf der einen Seite, Investitionen in die Zukunftsfähigkeit des Unternehmens auf der anderen Seite. Die Milliardeninvestitionen in Elektromobilität und selbstfahrende Autos zwingen selbst ein wirtschaftlich starkes Unternehmen wie BMW dazu, in den Kernprozessen zu sparen, die Prozesse zu optimieren und die Einkaufskonditionen zu verbessern (klingt doch besser als die Zulieferer zu drücken). Und bevor man bei der Entwicklung des i3 oder i8 zurückstecken muss, wird lieber die Beteiligung an der Formel 1 aufgegeben. Je nach Thema wird einmal mehr, einmal weniger investiert.

Die systematische Ungleichbehandlung setzt sich auch bei der Förderung von Mitarbeitern fort. Kaum ein Unternehmen kommt auf die Idee, allen Mitarbeitern ein aufwändiges Coaching zur Persönlichkeitsentwicklung auf Firmenkosten angedeihen zu lassen. Andererseits kann kaum ein Unternehmen darauf verzichten, überhaupt in Trainings der Mitarbeiter zu investieren. Je nach Bedeutung für das Unternehmen wird sehr unterschiedlich in die Personalentwicklung investiert: Für Führungskräfte und High Potentials setzen Firmen aufwändige Förderprogramme auf, coachen diese Schlüsselmitarbeiter intensiv. Die meisten „normalen" Mitarbeiter bekommen hin und wieder das eine oder andere fachliche Training. Die Aushilfs- und Saisonkräfte dürfen sich dann mit den Hygiene- und Sicherheitsbelehrungen zufriedengeben. Statt einem entschiedenen entweder „Volles Programm für alle" oder „Gar keine Trainings für niemanden" herrscht in der Praxis ein sowohl „Intensiv schulen" als auch „Kaum bis gar nicht schulen".

Die Fairness gebietet es eigentlich, alle Mitarbeiter gleich zu behandeln, doch behandeln Führungskräfte ihre Mitarbeiter oft unterschiedlich – und das hat gute Gründe. Zum einen sind Mitarbeiter unterschiedlich erfahren, zum anderen können andere kulturelle Rahmenbedingungen herrschen. Ein weiterer Grund kann sein, dass sich der eine Mitarbeiter als zuverlässig erwiesen hat, der andere leider nicht. Einige Mitarbeiter sind engagiert, kommen auch am dritten Samstag hintereinander zur Sonderschicht, andere hingegen empfinden es schon als Zumutung, am Donnerstag eine halbe Stunde länger bleiben zu müssen. Dass der Vorgesetzte bei der Urlaubsplanung dann eher die Wünsche der engagierten Kollegen berücksichtigt als die des tiefenentspannten Mitarbeiters, ist eine nachvollziehbare Form der Ungleichbehandlung. Solange die Gründe für die Ungleichbehandlung transparent und nachvollziehbar sind, ist es vollkommen okay, die einen Mitarbeiter so, die anderen Mitarbeiter so zu behandeln. Anders sieht es dann natürlich aus, wenn der Nasenfaktor zur Ungleichbehandlung und zum Wechsel zwischen den Polen führt.

Bei einem Dilemma sowohl den einen als auch den anderen Gegenpol anzusteuern, ist ein sehr pragmatischer Umgang mit Dilemmas, besonders, da uns unterschiedliche Dimensionen zur Ungleichbehandlung zur Verfügung stehen. Mal macht es Sinn, über die Zeit hinweg Dinge zu entzerren, mal ist eine räumliche Ungleichbehandlung sinnvoll, ein anderes Mal wird je nach Thema unterschiedlich verfahren.

REFLEXION

Wo entzerren Sie Dilemmas zeitlich oder thematisch?
Wo geht Ihre Organisation je nach Ort Dilemmas unterschiedlich an?

Wie bei jeder anderen Unterteilung kann man natürlich auch wieder trefflich darüber streiten, ob ein Ansatz eher in die eine oder die andere Dimension passt. Ist die anfängliche Ungleichbehandlung des unerfahrenen Mitarbeiters eine Unterscheidung nach Thema oder nach Zeit? Darüber können wir endlos debattieren, es bringt uns aber nicht wirklich weiter. Wichtig ist zu wissen, dass Sie grundsätzlich mehrere Optionen haben.

Manchmal treffen wir sogar auf eine weitere, bislang ungeahnte Möglichkeit. Wer bereits diverse Führungstrainings hinter sich hat, kennt aller Wahrscheinlichkeit das Konzept der zwei grundsätzlichen Führungsstile:

1. Im Fokus des einen Führungsstils steht die *Aufgabenorientierung*, das heißt als Chef achten Sie darauf, dass die anstehenden Aufgaben pünktlich und gut erledigt werden. Ob es den Mitarbeitern dabei gut geht, ist egal, die Zahl der Überstunden auch. Hauptsache das Ziel wurde erreicht. Es gilt: Sie wollen Ergebnisse von Ihren Mitarbeitern, keine Ausreden.
2. Der alternative Führungsstil ist die *Personenorientierung*. Wenn Sie sich darum kümmern, dass es Ihren Mitarbeitern gut geht, werden diese auch motiviert genug sein, um die Aufgaben zu erledigen – so die Auffassung.

Aufgabenorientierte Vorgesetzte sind da skeptisch. Wenn es den Mitarbeitern gut geht, bedeutet das noch lange nicht, dass sie auch gut arbeiten. Dagegen rollen die personenorientierten Chefs bei einem aufgabenorientierten Stil mit den Augen, da nach ihrem Verständnis eine solche „Menschenschinderei" langfristig nicht tragbar ist. Letztlich haben beide Ausrichtungen recht und damit ihre Daseinsberechtigung. Willkommen bei unserem Führungsdilemma.

Weiter im Führungstraining heißt es dann, dass der ideale Vorgesetzte es fertig bringt, beide Führungsstile zu kombinieren. Danach besteht die hohe Kunst der Führung dann also darin, gleichzeitig aufgaben- und personenorientiert zu führen. Wie soll das gelingen?

Das Sowohl-als-auch würde sich derart gestalten, dass durch das Ansteuern des einen Pols der andere Pol mit erreicht wird. Können wir tatsächlich zwei Fliegen mit einer Klappe erschlagen? Das klingt paradox – und ist es vielleicht auch. Funktionieren kann es aber dennoch. Sportler können davon ein Lied singen. Denn die wenigsten guten Trainier sind „nette" Trainer. Im Gegenteil: Sie schinden ihre Mannschaften. Amateursportler zahlen sogar noch dafür! Warum? Weil das Ziel des Trainers einzig darin liegt, dass sich die Athleten durch die Konzentration auf die Aufgaben und Übungen sportlich verbessern und über ihre Grenzen hinauswachsen. Die Schinderei führt dazu, dass die Sportler zwar kurzfristig schwitzen und fluchen, langfristig aber zufriedener werden, weil sie besser geworden sind.

Dieses Phänomen sehen wir auch bei manchen Führungskräften. Es erklärt zudem, warum einige, sich eigentlich unmöglich verhaltende Führungspersönlichkeiten von ihren Mitarbeitern dennoch geliebt und beinahe verehrt werden. Paradebeispiel dafür ist Steve Jobs. Wer seine Biografie[45] gelesen hat, weiß, dass er regelmäßig Mitarbeiter vor Publikum anschrie, gründlich niedermachte und kein gutes Haar an ihnen ließ. Ebenso brachte Jobs seinen Programmierern eine große Tüte mit Schokolade überzogene Kaffeebohnen mit – nicht weil diese so lecker sind, sondern damit seine Leute besser die nächsten Nächte durcharbeiten konnten.[46] Doch trotz der unmöglichen Behandlung waren viele seiner Mitarbeiter von Steve Jobs begeistert. Masochismus? Wohl kaum. Eher der Punkt, dass Steve Jobs durch seinen unbeugsamen Perfektionismus, seiner Weigerung, sich mit dem Bestehenden zufrieden zu geben, seine Mitarbeiter dazu brachte, Leistungen zu vollbringen, die sie sich selbst nie zugetraut hätten. Die Mitarbeiter sind über sich hinausgewachsen und haben Dinge zustande gebracht, die sie ohne Steve Jobs nicht erreicht hätten. Die Möglichkeit, in einem solchen Maß zu wachsen, hat viele Mitarbeiter die ganze Schinderei vergessen und die öffentlichen Demütigungen und Gefühlsausbrüche von Steve Jobs schlucken lassen.

Steve Jobs hatte mit seinen Produkten natürlich Aufgaben, an denen Mitarbeiter auch wachsen konnten. Designern und Ingenieuren wurde bei der Entwicklung freie Hand gelassen, um ihren Spieltrieb voll auszutoben. Das mag bei einem Special-Effects-Entwickler auch funktionieren. Doch wird er sich eher die Nächte und Wochenenden für die Animationen einer besonders spektakulären Filmszene um die Ohren hauen, als ein Sachbearbeiter einer Versicherung für die nächsten 30 Schadensfälle. Ihm bietet seine Arbeit mit all ihren strikten Vorgaben deutlich weniger Chancen, sich selbst zu verwirklichen. Dem Busfahrer, der am Silvesterabend Betrunkene durch die Gegend fahren soll, wohl auch nicht. Selbstverwirklichung sieht anders aus ...

Dennoch: Wenn die Voraussetzungen stimmen, kann auch die kompromisslose Verfolgung einer Aufgabe die Mitarbeiter zufrieden stellen. Nicht, weil sie gemütlich in ihrer Komfortzone bleiben können, sondern gerade weil sie durch das Verlassen der Komfortzone über sich hinauswachsen können. Der Vorteil in einer Firma arbeiten zu können ist nun mal, in dieser Organisation mit anderen zusammen Dinge zu erreichen, die man alleine nie erreichen könnte.

REFLEXION

Gäbe es für Sie Themen, deren kompromisslose Verfolgung Sie zufrieden stellen würde?
Inwieweit haben diese Themen etwas mit Ihrer aktuellen Tätigkeit zu tun?

Wann macht ein Sowohl-als-auch Sinn?

Ziemlich oft, denn wenn wir es genau betrachten, wird das heroische Entweder-oder zwar häufig propagiert, das Sowohl-als-auch aber viel öfter gelebt. Für eine Vielzahl von Dilemmas dürfte ein Wechseln zwischen den gegensätzlichen Polen die pragmatischste Lösung sein. Nur selten finden wir eine totale Zentralisierung vor oder planen eine komplette Veränderung. Auch können wir es uns nicht leisten, Kunden oder Mitarbeiter vollkommen unterschiedlich zu behandeln. Wir brauchen sowohl den einen Aspekt als auch den anderen. Deswegen passt auch das Bild des Yin und Yang so gut. Wir brauchen beide Gegenpole, sie müssen sich ergänzen, damit daraus eine runde Sache wird.

Es ist kein Zufall, dass das Interesse am Umgang mit Dilemmas zuletzt in den 1980er-Jahren so groß war. Damals trat mit den Japanern das erste Mal eine asiatische Wirtschaftsmacht auf die Bühne, die vollkommen anders agierte als die Manager der westlichen Unternehmen. Das Schockierende daran war, dass sie nicht nur anders, sondern auch noch besser handelten! Hohe Qualität zu geringen Kosten – wie war das möglich? Ein Grund dafür war, dass nicht nur in strikten Gegensätzen gedacht wurde. Stattdessen wurde sowohl am entscheidenden Punkt geklotzt, als auch in anderen Bereichen enorm gespart. Der Erfolg vieler japanischer Firmen rührte unter anderem daher, dass sie mit einem anderen Denkmuster an Dilemmas herangingen.

Indem wir uns vergegenwärtigen, dass wir nicht alles entweder zentralisieren oder dezentralisieren können, aber auch nicht alles komplett verändern oder vollständig bewahren wollen, gelingt es uns, Aufgaben entspannter anzugehen. Stehen wir vor der Aufgabe, eine Lösung finden zu müssen, die für das gesamte Unternehmen gilt, ist dieser Auftrag zunächst Respekt einflößend, beinahe beängstigend und der Aufwand, der dahintersteckt, riesig. Geht es aber darum, statt einer allgemeingültigen Lösung einzelne Lösungen für viele Teilprobleme zu finden, wird das Problem handhabbar. Einen Elefanten isst man bekanntlich auch nicht als ganzen Happen, sondern zerschneidet ihn in viele kleine Stücke und verspeist ihn dann. Genauso können Sie das große Problem in viele kleine Teilprobleme aufteilen, und je nach Situation, Ort, Thema oder Zeitpunkt entscheiden, ob Sie zum einen oder anderen Pol des Dilemmas gehen wollen. Die Summe dessen, was Sie zu bewältigen haben, mag gleich bleiben. Doch die kleineren Happen sind deutlich leichter zu verdauen.

Wenn wir darüber nachdenken, erleben wir ein derartiges Vorgehen in so vielen Bereichen der Organisation, dass wir es meist aber gar nicht mehr groß als Dilemma wahrnehmen. Erst an der Grenze zwischen den Polen wird uns das Dilemma wieder bewusst. Bis zu welchem Punkt genau wird zentralisiert? Was genau gibt die Zentrale vor? Was können die Tochtergesellschaften selbst entscheiden? Welche Teile des Bewerbungsprozesses sind standardisiert? Wo passen wir den Prozess an Bedürfnisse des lokalen Arbeitsmarkts an?

Ein großer Teil der Managemententscheidungen kreist genau um diese Schnittstelle. Wo genau ziehen wir die Grenze? Wenn sich das Managementteam bewusst darüber wird, nach welchen Kriterien sie entscheiden, wird auch der Umgang mit den Reibungen an der Schnittstelle geringer. Strategien und Unternehmensleitbilder bieten genau diese Orientierungshilfe und sind gerade deswegen so wichtig. Auch eine gelebte Unternehmenskultur hilft bei schwierigen Entscheidungen.

Aber warum eigentlich? Der Vorteil einer ausgeprägten (und hoffentlich auch produktiven) Unternehmenskultur liegt darin, dass Führungskräfte und Mitarbeiter über gemeinsame Wertvorstellungen verfügen.[47] Diese liefern – meist unausgesprochene – Regeln, wann wir uns in unserer Organisation einmal in die Richtung des einen Pols, wann wir dagegen den anderen Pol ansteuern sollten. Wann kümmern wir uns stärker um die Kunden, wann stärker um die inneren Prozesse? Wenn ein Unternehmen das Mantra ausgibt: „Customer first, company second, self last", ist die Frage nach Kunden- oder Innenorientierung eindeutig geklärt. Wir ersparen uns viele Reibungsverluste, weil wir nicht ständig wieder aufs Neue klären müssen, ob in dieser Situation der eine oder der andere Gegenpol des Dilemmas angepeilt werden soll. Indem wir die Reibungsverluste vermeiden, wird die Organisation effektiver. Wir brauchen weniger Manager, um die Arbeit zu koordinieren und verlieren weniger Zeit durch die interne Abstimmung.

Der Sowohl-als-auch-Ansatz ist sinnvoll und pragmatisch. Es wäre schön, wenn eine einmal gefundene Balance zwischen den Polen von Dauer wäre – doch es wäre zu schön, um wahr zu sein. Egal, ob es um die Auflösung nach Themen, nach Zeit oder Raum geht, wir müssen die Balance zwischen den Polen immer wieder neu finden. Auch das zeigt das Beispiel von Singapore Airlines deutlich. Im Jahr 2010 erschien der so lobende Artikel von Loizos Heracleous und Jochen Wirtz über den gelungenen Balanceakt des Unternehmens.[48] Sieben Jahre später beschrieb die *Frankfurter Allgemeine Zeitung* dieselbe Airline mit den Worten „Der Lack ist ab".[49] Das Unternehmen hätte versäumt, seine Strategie an die geänderten Marktbedingungen anzupassen. Die Bereitschaft der Kunden, für den Premiumservice auch wie bisher Premiumpreise zu zahlen, hätte stark abgenommen. Die asiatischen Billig-Airlines würden stark von diesem Trend profitieren und dem Unternehmen zu schaffen machen. Tatsächlich war die Profitabilität der Airline stark gesunken.

Die richtige Balance zu finden, ist schon schwierig genug – sie erfolgreich immer wieder neu auszutarieren, leider noch schwieriger. Nicht umsonst meinte Zhang Ruimin, der CEO des chinesischen Hausgeräte-Herstellers Haier, ganz treffend, dass es keine erfolgreichen Unternehmen gäbe, sondern nur solche, die zu den anstehenden Aufgaben und Rahmenbedingungen passen würden. Und diese würden nicht über längere Zeit gleich bleiben.[50] Ärgerlicherweise gilt auch hier wieder einmal, dass die Veränderung das einzig Beständige ist.

In einigen wenigen Fällen wird uns bewusst, dass der vermeintliche Widerspruch gar nicht existiert. Statt zwischen Personen- und Aufgabenorientierung entscheiden zu müssen, kann es durchaus Situationen geben, in denen wir durch die Aufgabenorientierung eine hohe Mitarbeiterorientierung erreichen können. Der Gegensatz der beiden Pole lässt sich auflösen, nur nicht unbedingt auf eine Art und Weise, die uns auf den ersten Blick vorschwebt. Wenn wir aber die Perspektive wechseln, uns überlegen, wie wir Personenorientierung noch verstehen können, stellen wir fest, dass es gar kein Dilemma gibt! Das kommt öfter vor, als man denken möchte: Wir haben es mit einem vermeintlichen Dilemma, einem Schein-Dilemma zu tun. Diese dankbaren Kandidaten stehen im folgenden Kapitel im Rampenlicht.

KAPITEL 12
WEDER-NOCH – DER UMGANG MIT SCHEIN-DILEMMAS

Wir hatten zu Beginn des Buches gesehen, dass der Alltag eines Managers voller Dilemmas steckt. Egal, ob man Teil des Top-Managements eines Unternehmens ist, im Aufsichtsrat sitzt oder ein Team von Mitarbeitern zu führen hat. Dilemmas sind allgegenwärtig und definitiv ein Problem. Das heißt aber noch lange nicht, dass jedes Problem auch ein Dilemma ist. Damit sind wir mit dem schönen Umstand konfrontiert, dass für viele Situationen, die unlösbar erscheinen, doch eine Lösung existiert! Das macht das Leben im Management natürlich deutlich entspannter. Doch volle Entwarnung können wir leider nicht geben. Denn auch hier gilt: Alles hat seinen Preis. Und der liegt darin, dass das Auflösen eines Schein-Dilemmas ganz schön anstrengend sein kann.

Kehren wir zu unserem bedauernswerten Entwicklungsleiter des Maschinenbauunternehmens zurück. Der gute Mann sah sich mit einem schmerzhaften Dilemma konfrontiert: Geht er auf die Gehaltsforderung des letzten verbleibenden Bewerbers ein? Nimmt er damit in Kauf, dass er sich durch das gesprengte Gehaltsgefüge in der Abteilung eine tickende Zeitbombe einhandelt? Oder verzichtet er auf den neuen Ingenieur und verabschiedet sich damit von den Zielen, die ihm sein Chef für die Entwicklung der neuen Serie gegeben hat? Denn Teile der Entwicklung fremdvergeben durfte er schließlich nicht. Hier scheint der bekannte Vergleich mit einem Stierkampf angebracht: Der Entwicklungsleiter hat die Wahl, von welchem der beiden Hörner er sich aufspießen lässt. Mit den beiden gleichermaßen unattraktiven Optionen A und B konfrontiert, hat sich der gute Mann nach etwas Zögern beherzt für Option C entschieden – und ist dem Stier ausgewichen. Er hat den Bewerber nicht eingestellt und damit das Gehaltsgefüge gewahrt. Gleichzeitig hat er die Kapazität in seiner Abteilung erhöht, indem er seine Ingenieure von möglichst vielen Aufgaben befreit hat, für die nicht zwangsläufig die Qualifikation eines Maschinenbauers benötigt wird. Statt des Ingenieurs hat die Firma eine Industrietechnologin eingestellt, die als Assistentin unter anderem Teile der Dokumentation der zu entwickelnden Anlagen übernimmt. Schöner Nebeneffekt ist, dass die Assistentin dem Unternehmen deutlich günstiger kommt als ein Entwicklungsingenieur.

Das vermeintliche Dilemma des Entwicklungsleiters ist dadurch entstanden, dass bei der Suche nach einer Lösung für sein Problem der Tunnelblick eingesetzt hat. Die möglichen Lösungen wurden vorschnell auf zwei Alternativen reduziert. Dabei gab es weitere Optionen, die lediglich nicht sofort ersichtlich waren und dadurch erkannt wurden.

Bei einigen Problemen haben wir eher auf dem Radarschirm, dass es weitere Alternativen gibt. So wie beim Beispiel meiner Bekannten aus Kapitel 2. Wir erinnern uns: Ihr waren im Rahmen einer Reorganisation zwei neue Stellen innerhalb des Konzerns angeboten worden. Schnell war klar, dass es eine ganze Reihe anderer Positionen gab, die deutlich attraktiver waren als die angebotenen Stellen, teils im Konzern, teils außerhalb. Eine neue Stelle zu finden, ist jedoch nicht einfach und kann durchaus zum Problem werden. Aber so lange wir weitere Optionen sehen, nehmen wir ein Problem gar nicht erst als Dilemma wahr. Dieses entsteht erst durch die Verengung auf die zwei Optionen, durch das Einsetzen eines Tunnelblicks.

Damit sind wir beim Umgang mit den Dilemmas beim vierten Aspekt unseres Dilemma-Diamanten: Sind nur die Alternativen, vor die ich gestellt bin, wirklich gegeben oder gibt es noch weitere Möglichkeiten, um das Problem in Griff zu bekommen?

Gibt es wirklich nur diese Optionen?

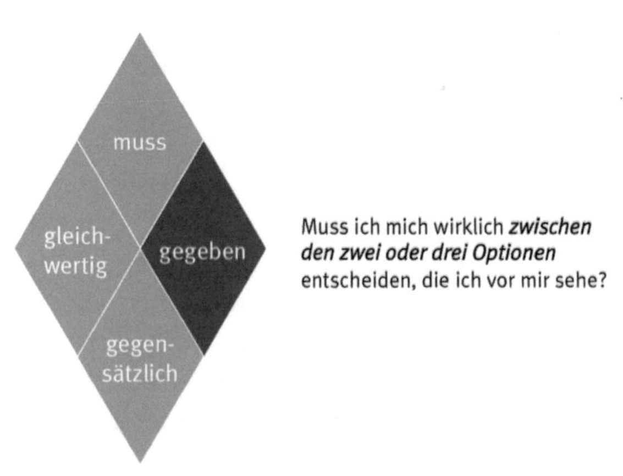

In vielen Fällen gibt es durchaus mehr Lösungen. Dessen sind wir uns auch bewusst, nur meist haben wir nicht die Zeit, länger nach weiteren Optionen zu suchen. Langeweile erlebt man als Manager allenfalls in irgendwelchen schlecht moderierten Endlosmeetings, ansonsten sind Informationsüberflutung und Zeitmangel unsere ständigen Begleiter im alltäglichen Wahnsinn. Zeit, Probleme wirklich in Ruhe zu durchdenken, fehlt meist. Erschwerend kommt hinzu, dass uns die Psychologie das Leben zusätzlich schwermacht. Spätestens seit Daniel Kahnemanns *Schnelles Denken, langsames Denken*[51] hat sich auch in der Managementliteratur herumgesprochen, dass wir uns in unseren Entscheidungen sehr schnell auf die Dinge konzentrieren, die wir vor uns haben. Wir haben ein klares Bias für das, was konkret vor uns ist. Alles andere, etwa die Erkenntnis, dass uns Informationen fehlen, wird ausgeblendet. Dieses „WYSIATI – What you see is all there is" erschwert es uns, weitere Optionen zu entdecken.

Dieses Phänomen betrifft alle Menschen. Manager haben zusätzlich damit zu kämpfen, dass sie Macher sind – oder sich gerne als solche sehen. Dieses Selbstverständnis führt dazu, dass langes Abwägen als Zaudern und Entscheidungsschwäche abgetan wird. Sicher, es gibt Leute, die sich durch zu langes Analysieren vor der Entscheidung drücken. Genauso gibt es aber auch viele Manager, die ihren Job mit dem eines Stand-up-Comedians verwechseln. Diese Leute handeln nach dem Motto: Lieber eine schnelle Antwort, statt einer guten – lieber schlagfertig als durchdacht. Ganz klar: Die meisten Entscheidungen, die eine Führungskraft im Laufe des Tages treffen muss, können aus der Hüfte geschossen werden. Aber eine Frage am Tag oder vielleicht auch nur die eine Frage in der Woche hat es in sich und ist von solcher Tragweite, dass sie es wert ist, länger und intensiver darüber nachzudenken. Bei diesen wenigen, aber bedeutungsvollen Entscheidungen macht es sich bezahlt, genauer hinzuschauen, ob es sich wirklich um ein Dilemma handelt oder vielleicht doch nur um ein Schein-Dilemma, das wir durch eine versteckt liegende Option C aushebeln können.

REFLEXION

Welche Frage von großer Tragweite treibt Sie momentan um?
Bei welchem Dilemma würde es sich für Sie lohnen, intensiver nach einer Option zu suchen?

Die Entscheidung für die Industrietechnologin ist ein Beispiel für ein „Weder-noch" beim vermeintlichen Dilemma des Entwicklungsleiters. Aber es gibt viele Beispiele.

BEISPIEL:

So steht das Management eines Mobilfunkbetreibers vor der Zielsetzung, für das laufende Geschäftsjahr sowohl die Kundenzahl als auch den Gewinn zu steigern. Doch die Kapazität der bestehenden Mobilfunkinfrastruktur ist fast erschöpft. Und ohne zusätzliche Kapazitäten – keine zusätzlichen Kunden. Ein Netzausbau erlaubt es dem Management, das Neukundenziel zu erreichen. Durch die dafür notwendigen Investitionen zerschießt diese Option aber das Gewinnziel des Unternehmens. Diese Situation sieht mal wieder nach einem typischen Dilemma aus. Aber so aussichtslos ist die Situation ja gar nicht. Denn die Gegenüberstellung von Neukunden *oder* Gewinn verschließt den Blick auf eine ganze Reihe weiterer Optionen. Durch eine Netzkooperation mit einem anderen Anbieter ließe sich die Kapazität deutlich günstiger erweitern als durch einen eigenen Aufbau. Selten ist das Netz überall gleichmäßig ausgelastet. Statt mit der Gießkanne um Neukunden zu werben, kann mit gezieltem Direktmarketing in Gebieten, wo noch Kapazität frei ist, die Kundenzahl kapazitätsschonend erweitert werden. Mit einigem Suchen lassen sich durchaus Optionen finden, mit denen sich das Dilemma des Mobilfunkbetreibers aushebeln lässt.

Über ein anderes Beispiel hatte ich mich zuerst richtig aufgeregt, als ich es zum ersten Mal gehört hatte.

BEISPIEL:

Ein Hersteller von Obstkonserven hatte das Problem, dass bei der Herstellung von Pflaumenkonserven die Produktionsabfälle das Abwasser so stark belasteten, dass es zur Überschreitung der zulässigen Grenzwerte kam. Die Produktion zu reduzieren war keine attraktive Option. Für teures Geld neue Abwassertechnologie einzubauen auch nicht. Sich mit den Behörden anzulegen und Strafzahlungen zu riskieren schon gar nicht. Die rettende Lösung war, die problematischen Abfälle in Flaschen abzufüllen und als Pflaumensaft zu verkaufen – denn nichts anderes waren diese Abfallprodukte. Die Lösung funktionierte so gut, dass – nur um die Nachfrage nach Saft befriedigen zu können – die Konservenproduktion erhöht werden musste.

Anfänglich fand ich die Idee, den Kunden „Abfälle“ zu verkaufen, unmöglich. Mittlerweile finde ich diesen Ansatz, aus Abfällen neue Produkte zu machen, einfach nur pfiffig und charmant. Früher gab es schließlich noch Schrotthändler – heute handeln diese Herrschaften mit Sekundärrohstoffen.

Jetzt aber zur spannenden Frage: Wenn viele Schein-Dilemmas nur dadurch entstehen, dass wir uns zu schnell auf zwei oder drei mögliche Lösungen einschießen – wie können wir vermeiden, dass wir Opfer unseres Tunnelblicks werden? Wie kommen wir aus dieser mentalen Sackgasse wieder heraus? Wie kann ein Perspektivenwechsel, ein Reframing, aussehen, damit wir wieder offen für weitere Lösungsansätze werden?[52]

Der erste Schritt ist auf jeden Fall zunächst einmal ein Schritt rückwärts. Wenn wir den Wald vor lauter Bäumen nicht sehen, ist ein gewisser Abstand hilfreich. Konkret bedeutet das, dass wir uns systematisch überlegen müssen, was das ursprüngliche Ziel war. Was wollten wir ursprünglich erreichen?

Was wollten wir eigentlich erreichen, als wir mit den beiden Alternativen in unserem vermeintlichen Dilemma gelandet waren? Ultimativ hat jede Firma das Ziel, Geld zu verdienen. Aber dieses Ziel ist zu abstrakt, um wirklich hilfreich zu sein. Doch zwischen dem ultimativen Ziel des Geldverdienens und den beiden Hörnern unseres Dilemmas liegt eine Reihe von Zwischenschritten.

Wir blicken noch einmal auf unsere Beispiele: Beim Maschinenbauunternehmen sollte mehr Geld durch eine neue Maschinenserie verdient beziehungsweise sollten die Margen erhöht werden. Eine Etappe auf dem Weg zum ultimativen Ziel war die Erhöhung der Entwicklungskapazitäten. Um dieses Ziel zu erreichen, war man auf die Suche nach neuen Mitarbeitern aufgebrochen. Beim Konservenhersteller war das konkrete Ziel eine kostenschonende Lösung des Abwasserproblems.

Erst wenn wir uns klargemacht haben, was unser konkretes Ziel ist, können wir im nächsten Schritt überlegen, welche Optionen es vielleicht noch gibt. Dabei hilft es, aufzulisten, an welchen Stellschrauben außerdem gedreht werden könnte, um an eine Lösung zu kommen. Im Beispiel der Entwicklungsabteilung war das Ziel die Erhöhung der Entwicklungskapazitäten. Welche Optionen zur Kapazitätserweiterung könnten außer der Einstellung weiterer Entwicklungsingenieure noch infrage kommen? Grundsätzlich wäre möglich, Kapazitäten aus externen Ingenieurbüros zu leihen. Denkbar wäre auch gewesen, den Zeitplan zu strecken oder die Bezahlung aller Entwickler auf das Marktniveau anzuheben. Allerdings scheiterten diese Ansätze in unserem Beispiel am Veto des Geschäftsführers. Die Wertschöpfungstiefe zu verringern, mehr Teile fremd zu vergeben und sich in der Entwicklung auf die zentralen Komponenten zu konzentrieren, wäre grundsätzlich eine weitere Möglichkeit. Wahrscheinlich wären nach längerem Abwägen und Überdenken noch weitere Optionen zu Tage gekommen, nachdem sich der Wald vor lauter Bäumen gelichtet hätte. Letztlich wurde eine Entscheidung getroffen, nämlich eine Assistentin einzusetzen, um die Effektivität der vorhandenen Entwicklermannschaft zu erhöhen, statt sie zahlenmäßig zu verstärken – qualitatives Wachstum, statt quantitativem Aufbau.

Beim Beispiel mit dem Pflaumensaft lag der Perspektivenwechsel darin, den Saft nicht mehr als störenden Abfall zu betrachten, sondern als mögliches Nebenprodukt: Verfügt dieser Stoff über Eigenschaften, die für anderen Zwecke nützlich sind? Offensichtlich ja, sonst wären die Kunden nicht bereit gewesen, für den vermeintlichen Abfall Geld hinzulegen.

BASF hat diese Idee, „Abfälle“ aus einem Produktionsprozess als Inputs für weitere Produktionsprozesse in seinem berühmten Verbundsystem perfektioniert.[53] Tausende Leitungen an den Standorten transportieren die Abfälle aus dem einen Prozess zum nächsten, wo sie weiterverarbeitet und veredelt werden.

Beim Mobilfunkunternehmen liegt die Änderung des Blickwinkels darin, zu hinterfragen, ob wirklich *alle* Netzkapazitäten schon erschöpft sind und das Netz selbst zu erweitern die einzige Möglichkeit ist, neue Kapazitäten zu schaffen. Es geht um das Aufheben des reinen Schwarz-weiß-Denkens, das wir in Kapitel 10 zum Heldentod bereits gesehen haben.

Der Perspektivenwechsel und damit die Frage nach dem letztendlichen Ziel unseres Handels zielen darauf ab, den eigenen Handlungsspielraum zu erweitern. Diesen Sinn und Zweck verfolgt auch der Harvard-Ansatzes zum konstruktiven Verhandeln der drei US-amerikanischen Forscher Roger Fisher, William Ury und Bruce Patton.[54] Da viele Führungskräfte mit diesem Ansatz vertraut sind, lohnt es sich zu schauen, was wir aus dem Klassiker des Verhandlungstrainings auf den Umgang mit Dilemmas übertragen können.

Beim Harvard-Ansatz geht es grundsätzlich darum, ein besseres Verhandlungsergebnis dadurch zu erhalten, dass der Handlungsraum, sprich die Zahl der möglichen Handlungsergebnisse, erweitert wird.

Ein bedeutender Schritt zu diesem Ziel ist es, bei Verhandlungen zwischen den Positionen und den Interessen der Kontrahenten zu unterscheiden. Bei der Frage, ob es sich um ein Schein-Dilemma handelt, ziehen wir dazu als Positionen die aktuell betrachteten Optionen und das Ziel, das mit den Optionen erreicht werden soll, heran. Zum Beispiel die Einstellung eines Entwicklungsingenieurs als Option und die Kapazitätserweiterung als Interesse. Der Gedanke beim Harvard-Ansatz, dass es meist mehrere Positionen gibt, die die Interessen befriedigen, lässt sich 1:1 auf die Dilemmas übertragen. Unsere Beispiele zeigen, dass wir meist mehr Optionen zur Zielerreichung haben als anfänglich gedacht.

Die Gründe, warum wir uns mit der Erweiterung des Handlungsraums so schwertun, kommen uns beim Umgang mit Dilemmas ebenfalls erstaunlich bekannt vor. Fisher und seine Kollegen führen unter anderem diese drei Punkte an:[55]

1. vorschnelles Urteil
2. die Suche nach der *einen* richtigen Lösung
3. die Annahme, dass der Kuchen begrenzt sei

Um aus dieser mentalen Sackgasse herauszukommen, fragen die Verhandlungstrainer immer wieder nach den „Grundforderungen" der Gegenseite. Beim Umgang mit den Dilemmas müssen wir dementsprechend nach dem ursprünglichen Ziel fragen, dessen Verfolgung uns in das Dilemma geführt hat.

Genauso wie es beim Verhandeln mit schwierigen Partnern gilt, kreative Lösungen zu finden, um beide Seiten zufriedenzustellen, geht es beim Umgang mit Schein-Dilemmas darum, kreativ zu werden und neben den offensichtlichen Optionen A und B eine Option C oder vielleicht sogar eine Option D zu finden. Das Schöne an Kreativität ist, dass sie sich in so vielen Spielarten zeigt und zu so unterschiedlichen Lösungen führt, an die man erst gar nicht gedacht hat. Der Einsatz einer Assistentin statt eines Ingenieurs etwa kann solch eine kreative Lösung sein oder die Idee, den Abfall als Wertstoff zu sehen. Manchmal kann es aber auch das Entdecken einer Gesetzeslücke sein, die eine kreative Lösung ermöglicht.

Mein Lieblingsbeispiel dazu kommt aus den USA[56] – angeblich dem Land der unbegrenzten Möglichkeiten. Aus europäischer Sicht aber auch ein recht prüdes Land.

BEISPIEL:

So verbot eine Kommune im mittleren Westen Nacktheit in der Öffentlichkeit. Für die Striptease-Lokale der Stadt war das ein herber Schlag. Wer geht schon in so einen Laden, trinkt überteuertes Bier, um dann bekleideten Tänzern und Tänzerinnen zuzuschauen? Infolge dieser Verordnung schlossen die meisten dieser Etablissements in der Stadt. Doch einer der Inhaber las sich die Verordnung genauer durch und stieß auf den Satz, dass für „künstlerische Zwecke" Nacktheit erlaubt war. Schließlich sollten lokale Kunstschulen weiterhin Kurse in Aktzeichnen anbieten können. Daraufhin schaffte der Clubbetreiber die Eintrittspreise für sein Lokal ab und verkaufte seinen Kunden stattdessen Zeichenblock und Stifte am Eingang. Auch ermunterte er seine Kunden, die Tänzerinnen nicht nur intensiv zu betrachten, sondern ihre Eindrücke künstlerisch auf dem Zeichenblock zu verarbeiten. Diese und einige andere kleine Änderungen am Format des Lokals erlaubten dem Inhaber, seinen Laden weiterhin zu betreiben – mit durchschlagendem Erfolg, denn die Konkurrenz hatte schließlich dichtgemacht.

Das Ausnutzen von Gesetzeslücken kann manchmal die Lösung unseres Dilemmas sein, aber auch die Gesetzgebung selbst kann ein Dilemma aushebeln.

BEISPIEL:

In Zeiten einer schwachen Auftragslage, in der die Kapazitäten nicht voll ausgelastet sind, fehlt einem Unternehmen das Geld, um seine Mitarbeiter zu bezahlen. Eigentlich müsste man Leute entlassen, um die Kapazitäten zurückzufahren. Doch sobald sich die Auftragslage wieder verbessert, fehlen die Mitarbeiter und deren Know-how, um die neuen Aufträge abzuarbeiten. Wir können es uns demnach nicht leisten, die Leute zu halten, aber genausowenig können wir es uns leisten, die Leute zu entlassen – ein klassisches Dilemma.

In Deutschland haben wir eine dritte Option in der Gesetzgebung als Institution festgeschrieben: Kurzarbeit. Der Staat unterstützt Firmen, denen vorübergehend die Aufträge fehlen, die Mitarbeiter an Bord halten zu können und so einen Know-how-Verlust zu vermeiden. Das Instrument der Kurzarbeit ist somit die dritte Option, die die Unternehmen aus dem Dilemma herausholt und die Organisation stabilisieren kann. Und nicht nur die einzelne Firma, sondern eine ganze Region.

BEISPIEL:

Ende 2008 erreichte die Finanzkrise auch die „reale" Wirtschaft – und zwar heftig. Innerhalb weniger Wochen brachen bei vielen Firmen die Aufträge um mehr als die Hälfte ein. Auch Augsburg als Standort für den Maschinenbau war stark betroffen. Anfang 2009 waren über 20.000 Menschen in Kurzarbeit beschäftigt in einer Stadt mit gut 260.000 Einwohnern! Ein Jahr später war der Spuk weitestgehend vorbei und die Beschäftigung hatte sich wieder stabilisiert. Ohne Kurzarbeit wären die Verwerfungen in der Region jedoch deutlich größer gewesen.

Genauso wie der kreative Umgang mit Dilemmas einzelnen Führungskräften und Firmen hilft, die eigene Wettbewerbsfähigkeit zu erhöhen, können auch Länder durch kreative Gesetzgebung Dilemmas besser in den Griff bekommen und ihre Wettbewerbsfähigkeit erhöhen.

Wann ist der „Weder-noch“-Ansatz sinnvoll?

Sehr oft! Es ist natürlich traumhaft, festzustellen, dass es sich bei unserem Problem gar nicht um ein wirkliches Dilemma, sondern nur um ein Schein-Dilemma handelt. Manchmal kommt einem schnell eine zündende Idee, die eine dritte Option aufzeigt und das Dilemma zu einem Schein-Dilemma werden lässt.

Wie bei vielen anderen Problemen hilft uns Kreativität beim Umgang mit Schein-Dilemmas. Bedauerlicherweise sind diese kreativen Geistesblitze nicht so häufig, wie wir es uns wünschen würden. Wenn wir mit Kreativität nicht weiterkommen, hilft noch Neugierde. Lieber eine gute Idee woanders kopieren, als eine eigene, aber mäßige Idee umzusetzen und im Dilemma verfangen zu bleiben.

Doch wenn das Dilemma wirklich drängt, wenn es eines der zentralen Probleme ist, mit denen wir uns herumschlagen müssen, lohnt es sich, aktiv nach weiteren Optionen zu suchen, um das Dilemma aufzulösen. In den meisten Fällen gibt es mehr Optionen als ursprünglich gedacht. Eine weitere Option zu finden wäre natürlich klasse. Wir könnten das Problem wirklich lösen, das Dilemma endgültig vom Tisch bekommen. Das macht die Suche nach weiteren Optionen so attraktiv. Doch die Suche nach diesen Optionen kostet Zeit und Energie – beides sind in der Organisation knappe Güter. Wir werden uns daher die aktive Suche nach Alternativen für recht wenige Fälle aufsparen. Der Aufwand wird schnell zu groß.

Aber auch hier gilt, sich nicht in einem strikten Entweder-oder zu verrennen. Gar nicht nach einer weiteren Lösung zu suchen, ist ein Extrem, mit einem ganzen Team unterstützt von externen Beratern ein Jahr über eine neue Organisationsform zu brüten, ebenfalls. Dazwischen gibt es wieder diverse Abstufungen. Für jedes Dilemma werden wir immer wieder abwägen müssen: Wie hoch schätzen wir den Nutzen ein, den wir aus einem aufgelösten Dilemma erzielen? Wie viele Ressourcen stecken wir dementsprechend in die Suche nach einer dritten Option? Wie viel Energie wären wir bereit, in die Suche nach einer weiteren Option für unsere kritischen Dilemmas zu stecken?

Auch wenn ein „Weder-noch“ nicht so oft zum Einsatz kommt, wie wir es uns oft wünschen würden, ist die Einstellung, die diesem Ansatz zugrunde liegt, entscheidend. Das gängige Bild des Dilemmas zeigt den Stier mit seinen zwei Hörnern. Man kann diesem Stier heroisch gegenübertreten und sich überlegen, von welchem der Hörner man letztlich lieber aufgespießt werden will, um den Heldentod zu sterben: Wir ergeben uns passiv unserem Schicksal.

Allerdings können wir die Hörner des Dilemmas auch anders angehen: Statt uns aufspießen zu lassen, nutzen wir sie als Griffe, um uns daran festzuhalten und das Dilemma zu überspringen, es auszuhebeln. Statt zwischen Option A und B zu wählen, den Tod am linken oder rechten Horn zu erleiden, nehmen wir die Hörner als Hilfsmittel, um mit Option C dem Stier zu entkommen – das Dilemma an den Hörnern zu packen. Mit einer kreativen dritten Lösung befreien wir uns von den vermeintlichen Sachzwängen und entziehen uns der misslichen Lage. Schon die Minoer auf Kreta haben diese Idee auf ihren Mosaiken verewigt. Statt sich aufspießen zu lassen, wurde der Stier bei den Hörnern gepackt und dann darüber gesprungen.

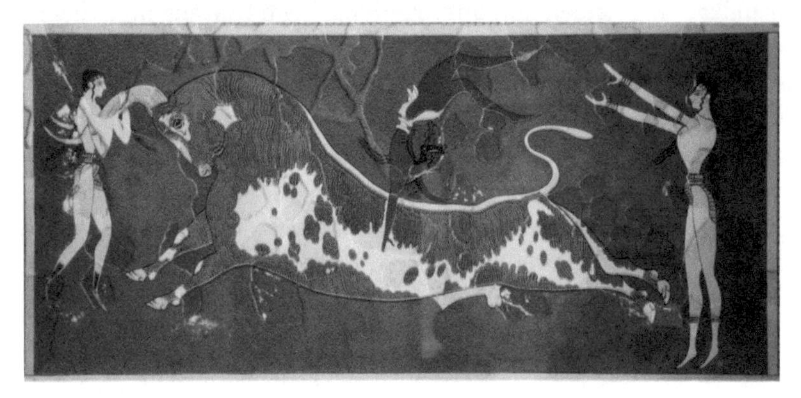

Der Stier als Sprungbrett

© Fritz Kleisli

Mit dieser Einstellung werden Sie deutlich öfter Dilemmas auflösen können als heroisch in den Dilemma-Tod zu ziehen. Statt sich in Ihr vermeintliches Schicksal zu ergeben, können Sie – da wo es darauf ankommt – dieses Schicksal selbst gestalten.

REFLEXION:

Wann sind Sie das letzte Mal aktiv an ein Dilemma herangegangen?
Wie sind Sie dabei gefahren?

WAS MACHEN WIR NUN MIT ALL DEN DILEMMAS?

Ich hoffe, ich konnte Sie davon überzeugen, dass Dilemmas einfach dazu gehören. Eine Firma, einen Verein, eine Verwaltung ohne Revolutions- oder Freiheitsdilemmas kann es nicht geben. Ein Unternehmen ohne das Gleichheits- oder Brüderlichkeitsdilemma wäre zwar schön, bleibt aber vollkommen unrealistisch. Dafür sorgen die Faktoren, die wir uns in Kapitel 3 angeschaut haben: Arbeitsteilung, Ressourcenknappheit & Co. Wenn Sie sich also ständig mit Dilemmas herumschlagen müssen, hat das nichts mit schlechtem Zeit- oder Selbstmanagement Ihrerseits zu tun. Genauso wenig, wie Dilemmas bei der Führung Ihrer Mitarbeiter ein Zeichen von Führungsschwäche sind. Sie gehören einfach zum Leben in einer Organisation.

Hören Sie auf, ständig ein schlechtes Gewissen zu haben, weil Sie sich von Dilemmas umringt sehen. Da Dilemmas einfach ein normaler Bestandteil einer Organisation sind, brauchen wir Dilemmas auch nicht als Zeichen des vermeintlichen Versagens still und heimlich unter den Teppich zu kehren. Es ist sinnvoller, bewusst und aktiv mit Dilemmas umzugehen, als sich von ihnen treiben zu lassen oder sie zu verdrängen.

Ich erwarte nicht, dass Sie von Dilemmas begeistert sind. Denken Sie aber daran, dass Dilemmas nicht nur ein unausweichlicher Bestandteil des Lebens in der Organisation sind – sie sind auch das Salz in der Suppe einer Führungskraft. Klar, zu viel Salz verdirbt jede Suppe. Aber ohne Salz wäre es zu fad, ohne Dilemmas gäbe es nur noch Routinen. Und wenn es nur Routinen gibt, sind auch Sie als Manager verzichtbar. Gerade, weil immer mehr Prozesse und Aufgaben standardisiert und automatisiert werden, nehmen die außergewöhnlichen Fälle, die Ausnahmen und Probleme einen immer größeren Teil des Managementalltags in Anspruch. Viele dieser Ausnahmen und Probleme entpuppen sich bei näherem Hinsehen als Dilemmas. Auch wenn Sie es nicht gerne hören: Dilemmas sind einer der wichtigsten Gründe, warum man Sie in dieser Organisation überhaupt eingestellt hat! Daher können Sie sich entspannen: Sie sind kein schlechter Manager, weil es um Sie herum von Dilemmas wimmelt. Die Logik funktioniert genau anders herum: Sie *sind* Manager, *weil* es in der Organisation von Dilemmas wimmelt!

Wenn Dilemmas ein wichtiger Teil Ihrer Daseinsberechtigung im Unternehmen sind, sollten Sie nicht nur einen entspannteren Umgang mit Dilemmas pflegen, sondern auch einen intelligenten. Dazu sollten Sie einerseits Ihren Blick schärfen, ob Sie ein Dilemma vor sich haben – und herausfinden, um welches Dilemma es sich handelt. Es existieren nicht nur viele Arten von Dilemmas, sondern auch verschiedene Varianten, um mit Dilemmas umzugehen. Sie werden hin und wieder auf geradezu perfekte Dilemmas treffen. Diese sind sehr harte Nüsse, da sie wenig Ansatzfläche zum Knacken bieten. Glücklicherweise sind die sehr selten. Die meisten Dilemmas sind dankenswerterweise nicht perfekt und wir können sie mit einem der beschriebenen Ansätze angehen. Zum intelligenten Umgang gehört es daher auch, ein Gespür zu entwickeln, wann Sie welchen Ansatz wählen sollten.

Es wäre natürlich wunderbar, wenn es einen Ansatz gäbe, der bei allen Dilemmas gleich gut funktioniert. Diese Superwaffe im Kampf mit den Dilemmas gibt es aber leider nicht. Schade, Management ist offensichtlich kein Ponyhof. Stattdessen haben wir das „Dilemma des Dilemma-Managements“, da wir auswählen müssen, wie wir bei den einzelnen Dilemmas vorgehen müssen. Das Dilemma des Dilemma-Managements[57] ist zwar als Spruch ganz nett, inhaltlich aber unpassend – zum Glück! Zu entscheiden, wie Sie vorgehen sollten, ist meist gar nicht so problematisch und schon gar kein Dilemma. Suchen Sie sich den Ansatz aus, bei dem Sie Ihre Energie möglichst intelligent einsetzen. Die Antworten auf zwei Fragen helfen Ihnen, diesen passenden Ansatz zu finden:

1. Wie viele Ressourcen an Zeit, Geld und Manpower stehen Ihnen zur Verfügung?
2. Wie groß ist der Handlungsdruck?

Aus diesen beiden Fragen lässt sich das folgende Raster für die Auswahl eines Ansatzes entwickeln.

Welchen Ansatz nehme ich?

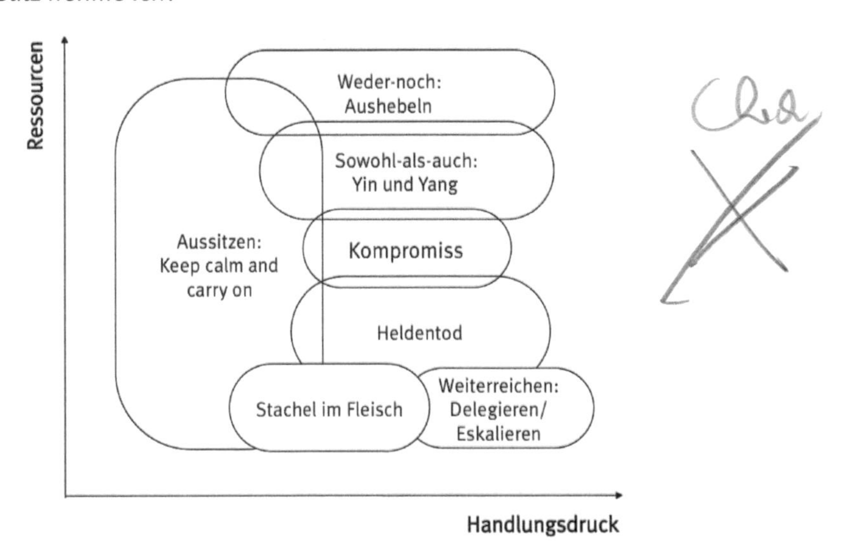

Ein wichtiger Punkt aus Kapitel 9 war, dass in vielen Fällen der Handlungsdruck beim Dilemma nicht so groß ist, wie es auf den ersten Blick erscheinen mag. Für Dilemmas mit geringem Handlungsdruck gilt: Nichts tun, die Spannung, die in dem Dilemma steckt, ertragen und die Sache aussitzen. Bei dieser Art von Dilemma lohnt es sich, diese Grundspannung auszuhalten. Wenn Sie die Souveränität entwickeln, nicht sofort dem Reflex zu folgen, etwas tun zu müssen, nicht jedem Trend hinterherzulaufen, schaffen Sie sich die Freiräume, Ihre Energie auf die wenigen wirklich zentralen Dilemmas zu lenken. Die Einstellung „Keep calm and carry on", die vorhandene Spannung zu ertragen, kann im positiven Sinne auch bedeuten, das Dilemma als Stachel im Fleisch zu sehen, als Irritation in der Firma, die zur Suche nach neuen Lösungen für schwelende Probleme antreibt.

Die Pferde nicht scheu machen und stattdessen Ruhe zu bewahren, heißt noch lange nicht, dass Sie den Kopf in den Sand stecken und versuchen, das Dilemma unter den Teppich zu kehren. Die Entscheidung, nichts zu tun, ist eine bewusste Entscheidung. Genauso bewusst wie die Entscheidung, dass doch etwas getan wird, so wie der Handlungsdruck steigt. Wenn der Handlungsdruck zwar hoch, die zur Verfügung stehenden Ressourcen jedoch gering sind, können Sie überlegen, ob Sie andere aktiv werden lassen, indem Sie das Dilemma weiterreichen. Fehlt Ihnen die Zeit, bietet es sich an, das Dilemma an Ihre Mitarbeiter zu delegieren. Fehlen Ihnen aber eher das Geld oder die Macht, bestimmte Entscheidungen durchzusetzen, versuchen Sie, das Dilemma nach oben weiterzureichen, die Sache eskalieren zu lassen. Dies ist eines der wenigen Male, in denen Macht beim Umgang mit Dilemmas wirklich hilft. Die Macht, die bessere Lösung durchzudrücken, ist grundsätzlich sehr hilfreich. Doch Dilemmas zeichnen sich durch die ärgerliche Eigenschaft aus, keine wirklich bessere Lösung zu haben. Schließlich ist es ein Dilemma, weil beide Alternativen unattraktiv sind. Und ein nach oben weitergereichtes Dilemma führt oft zu einer klaren Entscheidung in die eine oder die andere Richtung, für den einen oder den anderen Pol des jeweiligen Dilemmas.

Diese klare Entscheidung für den einen oder anderen Pol bietet sich an, wenn der Handlungsdruck zwar groß ist, aber die zur Verfügung stehenden Ressourcen überschaubar sind. Man trifft eine Entscheidung in die eine oder andere Richtung. Sie setzen in der Organisation voll auf Kooperation oder voll auf Veränderung. Das Schöne an dem Ansatz des Heldentods ist, dass man das Problem dann vom Tisch hat – meist jedoch nicht für sehr lange. Das haben wir in Kapitel 10 erkannt. Gleiches gilt für Kompromisse. Die auszuhandeln kostet oft noch mehr Zeit und damit Ressourcen als eine klare Entscheidung in die eine oder andere Richtung. Weil Kompromisse für beide Seiten unbefriedigend sind, sind sie ebenfalls selten von Dauer. Dessen sollten Sie sich bewusst sein, wenn Sie sich für einen der Pole oder einen Kompromiss dazwischen entscheiden.

Dauerhafter sind Lösungen, die aus dem Sowohl-als-auch entstehen. Es kostet Sie zwar deutlich mehr Zeit zu klären, in welchem Teil der Organisation Sie auf Veränderung setzen, wo auf Bewahrung oder zu entscheiden, bei welchem Thema Sie mit anderen Playern am Markt auf Kooperation setzen und bei welchen mit ihnen um Kunden und Marktanteile konkurrieren. Die Lösungen, die aus dem Sowohl-als-auch entstehen, sind dauerhafter als die anderen bisher beschriebenen Ansätze. Aber von ewiger Dauer sind sie auch nicht. Die Rahmenbedingungen ändern sich ständig: Neue Wettbewerber tauchen auf, Mitarbeiter mit geänderten Wertvorstellungen kommen ins Team, schwer zu ersetzende Know-how-Träger erwarten neuerdings eine besondere Behandlung. Wir hatten am Beispiel der Singapore Airlines gesehen, dass auch Firmen, die viele Jahre lang erfolgreich waren, nicht davor gefeit sind, die Balance zu verlieren. Genauso wie die Wasserflöhe in Kapitel 11 zwischen geschlechtlicher und ungeschlechtlicher Fortpflanzung hin und her pendeln, genauso müssen Sie auch hier die Balance zwischen den Gegenpolen immer wieder neu austarieren. Sie müssen überprüfen, ob die Kooperationspartner von gestern heute nicht doch zu Wettbewerbern geworden sind oder ob Sie die Mitarbeiter nicht anders führen müssen als noch vor wenigen Jahren.

Wenn der Handlungsdruck groß ist und Sie willens und fähig sind, viel Zeit und Energie in ein Thema einzusetzen, schauen Sie, ob es sich nicht doch in Wirklichkeit um ein Schein-Dilemma handelt. Lassen sich eventuell neben A und B weitere Optionen finden und damit das Dilemma aushebeln? Können Sie eine Option C finden, mit der Sie das Thema wirklich dauerhaft vom Tisch bekommen? Dass dies oft möglich ist, haben wir in Kapitel 12 verdeutlicht, aber auch, dass dafür stark investiert werden muss. Sowohl der Einsatz als auch der mögliche Gewinn sind bei dieser Variante sehr hoch.

Antworten auf die Fragen nach dem Handlungsdruck und den zur Verfügung stehenden Ressourcen geben Ihnen im ersten Schritt einen Hinweis, welche Ansätze sich für den Umgang mit einem bestimmten Dilemma anbieten. Manchmal ist die Antwort eindeutig, manchmal nicht. Denn die Einordnung nach Handlungsdruck und Ressourcen ist nicht trennscharf, die Übergänge sind mehr als fließend. Das dürfte uns nicht überraschen. Sowohl die Einschätzung, wie hoch der Handlungsdruck als auch wie groß die zur Verfügung stehenden Ressourcen sind, sind mehr als subjektiv. Fragt man vier Beteiligte, wie hoch denn der Handlungsdruck in einer Situation ist, bekommt man mindestens fünf Antworten: Einer will erst einmal gar nichts tun, der andere wenigstens schon mal anfangen, der dritte hätte es am liebsten gestern erledigt bekommen, der vierte weiß noch nicht und wechselt dann zweimal die Meinung. So wird in der einen Situation ein Manager die Sache aussitzen wollen, ein anderer aber nicht. Ist das nicht ärgerlich, dass wir hier keine klare Antwort bekommen, wie wir uns verhalten sollen? Nein, ist es nicht. Denn diese fehlende Trennschärfe sichert Ihren Arbeitsplatz!

Nicht nur die unterschiedliche Wahrnehmung des Handlungsdrucks und der zur Verfügung stehenden Zeit und Energie führen dazu, dass ein Manager die Sache aussitzt, während ein anderer in ein und derselben Situation delegiert und der Dritte nach einem Kompromiss sucht. Manager handeln nicht in einem luftleeren Raum, sondern haben eine konkrete Firma, eine konkrete Situation, in der sie sich befinden. Daher kommen im zweiten Schritt eine ganze Reihe von Einflussfaktoren hinzu, die es in der jeweiligen Situation zu berücksichtigen gilt. Einige Unternehmen sind von der Kultur her sehr konservativ. Veränderungen, wenn sie denn sein müssen, sind nur in kleinen Schritten erwünscht und möglich. Hier können Sie leicht ein Dilemma aussitzen. Bei einer Firma wie Facebook, die sich „move fast" als einen der zentralen Werte auf die Fahne geschrieben hat, dürfte ein Aussitzen deutlich schwieriger sein. Da müssen Sie eher etwas tun – oder zumindest so tun als ob Sie etwas tun.

Die Kultur eines Unternehmens hilft nicht nur, Prioritäten bei der Wahl der verschiedenen Pole zu setzen, sondern auch bei der Wahl bestimmter Ansätze. In Organisationen, bei denen Harmonie groß geschrieben wird, werden Sie mit Kompromissen eher weiterkommen als mit einer radikalen Entscheidung für den einen oder den anderen Pol. Auch die Art, wie die Firma organisiert ist, wird die Wahl des Ansatzes beeinflussen. In einer dezentralen Organisation haben Sie viel höhere Chancen, ein Sowohl-als-auch einzusetzen, als in einer Firma, in der die Zentrale vorgibt, wie und wie oft der Fußboden in der Filiale zu wischen ist. All diese Faktoren führen dazu, dass es keine eindeutige Antwort darauf gibt, wie mit einem Dilemma umzugehen ist. Hier benötigen wir eine Entscheidung, wie in der konkreten Situation in der Firma, hier in der Niederlassung oder hier im Team das Dilemma angegangen wird. Die Entscheidung ist kein Dilemma. Sie muss aber dennoch getroffen werden. Und das ist Ihre Aufgabe als Führungskraft. Wenn die Entscheidung eindeutig wäre, bräuchte die Firma Sie dafür nicht. Dilemmas schaffen Arbeitsplätze – auch Ihren!

Nicht nur zur Sicherung Ihres Arbeitsplatzes sollten Sie froh sein, dass es oft keine klare Antwort gibt, welchen Ansatz Sie wählen *müssen*. Die mangelnde Trennschärfe schafft Ihnen ja auch Freiräume, wie Sie entscheiden *können*, wie Sie die Sache angehen wollen. Wenn Sie nicht der entscheidungsfreudigste Mensch sind, werden Sie eher zum Aussitzen neigen als zum Heldentod. Tun Sie sich schwer, Dinge loszulassen und zu delegieren, können Sie sich auch selbst um das Dilemma kümmern. Das kann genauso gut funktionieren wie das Weiterreichen des Dilemmas. Sie haben die Freiheit, Ihrem Stil entsprechend zu handeln. Genauso wenig wie es die eine Strategie gibt, mit der alle Unternehmen erfolgreich sind, genauso wenig gibt es den einen Ansatz, wie man mit Dilemmas umgehen muss. Nutzen Sie die Freiheit und den Gestaltungsfreiraum, der sich aus der Unschärfe ergibt. Es geht schließlich um Ihren Job und Ihr Leben!

Und gleichzeitig nutzen Sie die Vielfalt der Ansätze, die zur Verfügung stehen. Diese verschiedenen Ansätze beim Umgang mit Dilemmas sind die Werkzeuge. Es liegt nahe, dass man eher seine Lieblingswerkzeuge einsetzt. Doch gibt es kein Werkzeug, das immer und überall gleich gut funktioniert. Den Versuch, eine Schraube mit dem Hammer in die Wand zu bekommen, hatten wir schon. Daher spricht vieles dafür, sein Repertoire an Tools zu erweitern. Je mehr Werkzeuge Sie zur Verfügung haben, desto höher ist die Wahrscheinlichkeit, dass Sie für die jeweilige Situation das passende Instrument zur Hand haben. Entsprechend höher ist die Chance, professionell handeln zu können, als irgendwie improvisieren zu müssen. Das Führen eines Unternehmens, einer Abteilung, eines Teams von Mitarbeitern ist anspruchsvoll genug. Machen Sie sich das Leben nicht schwerer, als es eh schon ist. Nutzen Sie die Vielfalt der zur Verfügung stehenden Werkzeuge. Das haben Ihre Firma und Ihre Mitarbeiter verdient – besonders aber auch Sie.

ANMERKUNGEN

[1] Unter dem Titel „Crash für das Markenimage“ berichtete das Handelsblatt von schlechten Ergebnissen des Crash-Tests: https://www.handelsblatt.com/auto/nachrichten/pleite-des-mercedes-citan-crash-fuer-das-markenimage/8168574.html

[2] https://www.duden.de/rechtschreibung/Dilemma

[3] Kahnemann, D.: Schnelles Denken, langsames Denken. Siedler, München 2012.

[4] Dobelli, R.: Die Kunst des klaren Denkens: 52 Denkfehler, die Sie besser anderen überlassen. Hanser, München 2011.

[5] Stand: 17.07.2018

[6] In den letzten Jahren ist die Forschung um „Paradox Theory“ in der Organisationsforschung gestiegen. Einen guten Überblick bietet hier: Smith, W.K./Lewis, M./Jarzabkowski, P. (Hrsg.): The Oxford Handbook of Organizational Paradox. Oxford Handbooks, Oxford 2017. Jedoch hat diese Diskussion nur selten in das Standardrepertoire der BWL-Ausbildung Einzug erhalten. Eine rühmliche Ausnahme ist das Lehrbuch zum strategischen Management der beiden Niederländer Bob DeWit und Ron Meyer, die die Strategieentwicklung und -umsetzung ausdrücklich unter der Brille von Management-Dilemmas betrachten. Eine deutsche Übersetzung gibt es aber leider bis heute nicht.

[7] Zur Prüfung herangezogen wurden: Laux, H./Gillenkirch, R. M./Schenk-Mathes, H. Y.: Entscheidungstheorie. SpringerGabler, Wiesbaden 2014; Bamberg, G./Coenenberg, A. G./Krapp, M.: Betriebswirtschaftliche Entscheidungslehre. Vahlen, München 2012; Eisenführ, F./Weber, M./Langer, T.: Rationales Entscheiden. Springer, Heidelberg 2010; Wessler, M.: Entscheidungstheorie: von der klassischen Spieltheorie zur Anwendung kooperativer Konzepte. SpringerGabler, Wiesbaden 2012.

[8] Siehe die Diskussion bei Naím, M.: The End of Power: From Boardrooms to Battlefields and Churches to States. Why Being in Power Isn’t What it Used to Be. Basic Books, New York 2013, S. 163 f. zu Machtverlust als Grundlage der kürzeren Verweildauer.

[9] Müller-Stewens, G./Fontin, M.: Management unternehmerischer Dilemmata. Schäffer-Poeschel, Stuttgart 1997, S. 8.

[10] Johnson, B.: Polarity Management. Identifying and Managing Unsolvable Problems. HRD Press, Amherst, MA 1996, S. XVII.

[11] Neuberger, O.: Führen und führen lassen. Lucius + Lucius, Stuttgart 2002, S. 337.

[12] Neuberger, O.: Führen und führen lassen. Ab Seite 342 liefert Neuberger eine Liste mit verschiedenen Paradoxen. Aber es geht noch ausführlicher: In Gutschelhofer, A./Scheff, J. (Hg.): Paradoxes Management. Linde, Wien 1996, werden die verschiedensten Paradoxe sehr ausführlich aufgelistet.

[13] Das Orakel wird näher beschrieben in: I Ging Text und Materialien. Eugen Diederichs, Köln 1983.

[14] http://www.sueddeutsche.de/digital/whatsapp-uebernahme-durch-facebook-zuckerberg-hat-verstanden-1.1893836

[15] The Economist vom 19.05.1990, Ausgabe Nr. 7665, S. 32–33.

[16] Das Zitat stammt aus dem Artikel: Annual Survey of Economic Theory: The Theory of Monopoly. In: Econometrica 3/1935, zitiert nach Schmidt, I.: Wettbewerbspolitik und Kartellrecht. Lucius + Lucius, Stuttgart 1999, S. 8.

[17] Volvo nimmt langsam Abschied von Benzin und Diesel, Frankfurter Allgemeine Zeitung vom 06.07.2016, Nr. 154, S. 26.

[18] Christensen, C : The Innovator's Dilemma. Harvard Business School Publishing, Boston 1997.

[19] Eine gute Beschreibung der Suche nach dem nächsten erfolgreichen Geschäftsmodell von Google findet sich in: Schulz, T.: Was Google wirklich will: Wie der einflussreichste Konzern der Welt unsere Zukunft verändert. Deutsche Verlags-Anstalt, München 2015.

[20] https://autophorie.de/2014/06/10/bmw-z7-toyota-supra-lexus-zc-zr-silk-road-2/

[21] Siehe zum Beispiel: http://www.tagesspiegel.de/wirtschaft/e-mobilitaet-deutsche-autohersteller-bauen-ladenetz-fuer-e-autos/14911234.html

[22] http://www.wiwo.de/technologie/green/biz/klimaziele-autohersteller-kaempfen-gegen-eu/13545428.html

[23] Diese kurze Verweildauer von Management-Tools beschreibt Julian Birkinshaw in: Beware of the Next Big Thing. Harvard Business Review, Mai 2014, S. 55.

[24] Dieser Satz fiel in einem Interview in der Zeitschrift *Impuls* im Jahr 2015: https://www.impulse.de/management/personalfuehrung/reinhard-k-sprenger/2131372.html

[25] Mattingly G.: Die Armada. Sieben Tage machen Weltgeschichte. Piper, München 1989, S. 37.

[26] Quinn, R.: Beyond rational management: Mastering the Paradoxes and Competing Demands of High Performance. Jossey-Bass, San Francisco 1989, S. 20.

[27] DeWit, B./Meyer, R.: Strategy Synthesis: Managing Strategy Paradoxes to Create Competitive Advantages. Cengage, Andover 2014, S. 20.

[28] Wakayama, T./Lapierre, K.: Embracing a Strategic Paradox. MIT Sloan Management Review, Spring 2017, S. 90 f.

[29] Müller, S.: Arbeit und Familie – Feinde für immer? Perspektiven 05/06/2005, S. 18.

[30] Zur Entwicklung der Scheidungsraten in den letzten 20 Jahren: https://www.destatis.de/DE/PresseService/Presse/Pressemitteilungen/2018/07/PD18_251_12631.html

[31] Heidrick & Struggles: Die neue Generation 2016, S. 24.

[32] Eine gute Beschreibung des Dilemmas bei Kodak liefert Shih, W.: The Real Lessons from Kodak's Decline. MIT Sloan Management Review, Summer 2016, S. 11–13.

[33] Der Wandel von Fuji ist gut beschrieben in: Fuji – vom Fotofilm zur Stammzellenforschung. Frankfurter Allgemeine Zeitung vom 28.02.2017, Nr. 50, S. 21.

[34] In seinem Buch *Polarity Management* bezeichnet Johnson diese Endlosschleife als das zentrale Konzept, um das Gefangensein im Dilemma zu beschreiben.

[35] McLaren beschreibt diesen Punkt treffend wie folgt: „In dealing with at least half of the dilemmas, one must choose one set of goals or the other with no better reason that that is what one has decided to do. If one wants the goals associated with the centralization of decision-making authority, for example, one need not apologize for that desire or that choice." – McLaren, R.: Organizational Dilemmas. John Wiley, Chichester 1982, S. 24.

[36] https://www.forbes.com/sites/stevedenning/2014/06/17/why-the-worlds-dumbest-idea-is-finally-dying/#3a1b0ab1104e

[37] Schneider, S./Barsoux, J.-J.: Managing across cultures. Prentice-Hall, Harlow 2003, S. 229.

[38] Heracleous, L./Wirtz, J.: Singapore Airlines Balancing Act. Harvard Business Review 07/08 2010, S. 145–148.

[39] Den Wechsel zwischen geschlechtlicher und ungeschlechtlicher Fortpflanzung findet man in: Johnson, S.: Where good ideas come from. A natural history of innovation. Riverhead Books, New York 2010, S. 107 ff.

[40] https://www.bcgperspectives.com/content/articles/process_industries_engineered_product_project_business_lean_manufacturing_self_assessment/

[41] https://www.bcg.com/publications/2017/globalization-strategy-reeves-levin-building-resilient-business-inspired-biology.aspx

[42] Zölter, J.: Die lange E-Klasse als kleiner Maybach. Frankfurter Allgemeine Sonntagszeitung vom 30.10.2016, Nr. 43, S. 55.

[43] Debus, T.: Was VW immer wollte. Frankfurter Allgemeine Sonntagszeitung vom 27.11.2016, Nr. 47, S. 70.

[44] Peitsmeier, H./Gropp, M.: BMW muss das Tempo erhöhen. Frankfurter Allgemeine Zeitung vom 06.12.2016, Nr. 47, S. 24.

[45] Brilliant zum Beispiel: Isaacson, W.: Steve Jobs. Little Brown, New York 2011.

[46] Ebd. S. 161.

[47] Diese Koordinationsfunktion der Unternehmenskultur wird gut beschrieben in: Sackmann, S.: Unternehmenskultur erkennen, entwickeln, verändern. Springer Gabler, Wiesbaden 2017, S. 55 ff.

[48] Heracleous, L./Wirtz, J.: Singapore Airlines Balancing Act. Harvard Business Review 07/08, 2010, S. 145–148.

[49] Hein, C./Ankenbrandl, H.: Für zwei asiatische Luftverkehrs-Ikonen ist der Lack ab. Frankfurter Allgemeine Zeitung vom 26.05.2017, Nr. 121. S. 24.

[50] Ruimin, Z./Michelman, P.: Leading to Become Obsolete. SLOAN Management Review, Fall 2017 S. 80–85.

[51] Kahnemann, D.: Schnelles Denken, langsames Denken. Siedler, München 2012.

[52] Das Reframing eines Problems bei der Vermeidung einer vorschnellen Entscheidungsfindung ist gut beschrieben in: Enders, A./König, A./Barsoux, J.-L.: Stop Jumping to Solutions. MIT Sloan Mgt. Review 04/2016, S. 63–70.

[53] Siehe dazu den Artikel im Magazin *brand eins* zum Standort Ludwigshafen: https://www.brandeins.de/magazine/brand-eins-wirtschaftsmagazin/2008/wettbewerb/die-braut-muss-sich-schoen-machen

[54] Fisher, R./Ury, W./Patton, B.: Das Harvard-Konzept. Campus, Frankfurt 2009.

[55] Ebd. S. 71.

[56] How To Solve Complex Problems In Unorthodox Ways: https://www.forbes.com/sites/joshlinkner/2015/11/09/how-to-solve-complex-problems-in-unorthodox-ways/#2ff9dc915b1a

[57] Vgl. Schneidewind, U./Dettleff, H.: Hochschulsteuerung als Dilemmata-Management – Ist reflexives Hochschulmanagement ein Garant für bessere Führung? Hochschulmanagement 3/2007, S. 65.

AUF DER SUCHE NACH DEM LIEBLINGSDILEMMA

Hat Ihnen das Buch Lust gemacht, entspannter und intelligenter mit Dilemmas umzugehen? Wenn ja, dann würde mich das sehr freuen. Ich bin auch neugierig zu erfahren, wie Sie bisher mit Dilemmas umgegangen sind. Welches war das Dilemma, mit dessen Lösung Sie bislang am zufriedensten waren? Worum ging es, was war der Kern des Dilemmas? Mit welchem Ansatz haben Sie das Dilemma letztendlich gelöst? Warum hat das in der Situation so gut funktioniert? Schicken Sie mir Ihr Lieblingsdilemma an: lieblingsdilemma@dilemma-dilemma.de

Ich bin auf die Lektüre Ihres Dilemmas gespannt!

Ihr Christian Lebrenz

DANK

Ein Buch über Dilemmas zu schreiben ist gleichzeitig eine sehr einsame und sehr kontaktfreudige Angelegenheit. Einsam, da man als Autor viele Stunden allein im stillen Kämmerlein am Laptop verbringt. Kontaktfreudig, weil das, was man schreibt, im Rahmen unzähliger Gespräche gesammelt wurde, immer wieder in Diskussionen mit einzelnen oder auch Gruppen bei Führungstrainings hinterfragt und präzisiert wurde. Daher gilt mein Dank all denen, die mir die einsamen Zeiten im Hinterzimmer ermöglicht haben, das ist zu allererst meine Familie, und all denen, die mir als Gesprächspartner zur Verfügung standen. Hier gilt mein besonderer Dank meinem treuen Wegbegleiter bei Veröffentlichungen, Raimund Birri, der immer wieder sehr freundlich, aber auch sehr bestimmt den Finger in die wunden Punkte des Manuskripts legte. Danken möchte ich aber auch den vielen Teilnehmern diverser Führungstrainings: Nicht nur, weil sie mir immer wieder vor Augen geführt haben, wie weit verbreitet es leider noch ist, dass Unternehmen Mitarbeiter mit ihren Dilemmas mehr oder weniger allein lassen. Sondern auch für die Bereitschaft, ihre Dilemmas und Lösungsansätze vorzustellen und zu teilen. Last – but certainly not least, gehört mein Dank meiner Lektorin Melanie Krieger vom metro**politan** Verlag und ihrem Team, die mir mit viel Einfühlungsvermögen und Sachverstand geholfen haben, dieses Projekt in das konkrete Buch umzusetzen, das Sie jetzt in den Händen halten.

Christian Lebrenz

CHRISTIAN LEBRENZ

Nach einem Studium der Japanologie und Volkswirtschaftslehre, das ihn nach England, Japan und schließlich in die USA führte, kehrte Christian Lebrenz nach Deutschland zurück und arbeite mehre Jahre in einem großen Logistikkonzern, zuletzt in der Geschäftsleitung einer Tochtergesellschaft. Danach wechselte er an die Hochschule und lehrt seitdem dort in erster Linie Personalmanagement, zuerst in Augsburg, jetzt in Koblenz. Seine Schwerpunkte in der Forschung und als Trainer liegen auf der Verbindung zwischen Unternehmensstrategie und Personalmanagement sowie der Personalführung. Dilemmas als Thema haben ihn schon seit längerem beschäftigt.

Christian Lebrenz lebt mit seiner Frau und seinen drei Töchtern in der Nähe von Bonn.